Estar perfectamente unido
a una mujer brinda una
inmensa satisfacción
y es un objetivo que todo
hombre debería buscar.

En busca de una ayuda IDÓNEA

Una guía **para jóvenes** que BUSCAN la *pareja ideal*

Michael y Debi Pearl

CENTRO DE LITERATURA CRISTIANA
en países de habla hispana

Bolivia	Calle Manuel Ignacio Salvatierra N° 190 Santa Cruz gamaliel.padilla@clcbolivia.com Bolivia
Colombia:	Centro de Literatura Cristiana ventasint@clccolombia.com editorial@clccolombia.com Bogotá, D.C.
Chile:	Cruzada de Literatura Cristiana santiago@clcchile.com Santiago de Chile
Ecuador:	Centro de Literatura Cristiana ventasbodega@clcecuador.com Quito
España:	Centro de Literatura Cristiana madrid@clclibros.org Madrid
México:	www.clcmexicodistribuciones.com ventasint@clccolombia.com editorial@clccolombia.com
Panamá:	Centro de Literatura Cristiana clcmchen@cwpanama.net Panamá
Uruguay:	Centro de Literatura Cristiana libros@clcuruguay.com Montevideo
USA:	CLC Ministries International churd@clcpublications.com Fort Washington, PA
Venezuela:	Centro de Literatura Cristiana distribucion@clcvenezuela.com Valencia

EDITORIAL CLC
Diagonal 61D Bis No. 24-50
Bogotá, D.C., Colombia
editorial@clccolombia.com
www.clccolombia.com

ISBN: 978-958-8867-54-0
En Busca de una Ayuda Idónea por **Michael y Debi Pearl**

Edición y Diseño Técnico: Editorial CLC
Diseño de portada e interior: DigiType, Miami FL (digitype2018@gmail.com)

Impreso en Colombia
Printed in Colombia

Somos miembros de la Red Letraviva: www.letraviva.com

"Por tanto, a ti
cantaré, gloria mía,
y no estaré callado.
Jehová Dios mío,
te alabaré para siempre".

Salmo 30:12

TABLA DE CONTENIDO

El amOr y el
matrImOnIo sOn las
meJOreS cOSaS que
hay en eSte ladO de
la eternIdad.

LA GRAN DIFERENCIA

Al momento de escribir este libro llevo casado con la esposa de mi juventud más de 41 años, y puedo decirle que el amor y el matrimonio son las mejores cosas que hay de este lado de la eternidad. En el amor y el matrimonio encontramos el contexto en el cual todas las demás cosas son vividas y apreciadas. Si no estuviera casado con mi esposita, no sería la mitad del hombre que soy ahora, sería algo menos de un cuarto.

Cuando era joven, entre los 17 y los 25 años, tenía muchos amigos corriendo la carrera de la vida a mi lado, muchos de los cuales parecían tener mayores posibilidades que yo. Sin embargo, al mirar atrás 40 años, veo que nuestras vidas fueron definidas por la mujer con la que nos casamos. El camino se dividió cuando empezamos la vida matrimonial y desde ese punto en adelante algunos de nosotros iniciamos una vida gloriosa, mientras que otros cayeron cuesta abajo en un descenso caracterizado por la tristeza e incluso la tragedia.

Una mujer puede hacer una inmensa diferencia en el resto de su vida. Encontrar a la chica adecuada es tan importante como escoger el barco correcto cuando se intenta navegar alrededor del mundo. Más de la mitad de los matrimonios de nuestra generación se hundirán y otros se estropearán por las tormentas de la vida; no obstante, éstas pueden ser conquistadas cuando los dos esposos reman juntos. Nadie quiere ser confinado en un barco con un compañero de travesía que se resiste a cada uno de sus movimientos, haciéndole miserable todo el viaje.

Pocos navegan al *paraíso* y permanecen allí e incluso menos alcanzan la línea final habiendo hecho una diferencia en el mundo. Los malos matrimonios pueden ser mucho mejores "algunos incluso gloriosos" pero aquellos que inician siendo gloriosos y permanecen así año tras año son los vencedores, y su relación se convierte en un ejemplo eterno de Cristo y su iglesia. Es por esto que usted necesita buscar su ayuda idónea sabiamente y con mucha oración.

El hombre que vive su vida como una serie de 'quizás', 'eso espero' y 'no importa lo que pase', está jugando a la *ruleta rusa* y está destinado al fracaso. La vida es una serie de inversiones y resultados; invertimos pensamientos y acciones, y obtenemos los resultados de dicha inversión.

Comemos de acuerdo a nuestros gustos y preferencias; decimos lo que está en nuestro corazón y nos casamos con la mujer por quien nos sentimos atraídos. Surge entonces la pregunta, ¿qué clase de mujer se ganará su atención, su corazón y su compromiso de por vida? La semana pasada, un padre preocupado, que tiene tres hijos en la edad de contraer matrimonio, me dijo: "¿Cómo haces para que tus hijos se fijen en las chicas correctas? Como un róbalo de boca grande, mis hijos persiguen cualquier cosa que brille y se mueva". Mi respuesta a aquel hombre fue: "Ellos se casarán de acuerdo con aquello que sientan en su corazón". De manera que debemos entender que la búsqueda de la ayuda idónea indicada comienza con un corazón sabio.

"Y si alguno de vosotros tiene falta de sabiduría, pídala a Dios, el cual da a todos abundantemente y sin reproche, y le será dada". (Santiago 1:5).

El primer paso para hallar una esposa piadosa es la oración. Inicie la lectura del siguiente capítulo pidiéndole a Dios su sabiduría y entendimiento al momento de iniciar esa importante búsqueda.

♥ ♥ ♥

Surge entonces la pregunta.
¿Qué tipo de mujer lo atraerá a usted?

Su vida estará
definida en gran parte
por la mujer con
la que usted
se case.

Dios creó al
hombre con una
necesidad permanente
de la compañía
de alguien.

Capítulo 1

La Ayuda de su Alma

El amor y el matrimonio son idea de Dios. Por lo tanto, usted puede contar con Él para que le guíe, le dirija y le instruya en la búsqueda de una esposa; claro, solo si usted ha confiado en el Señor y se ha arrepentido de sus pecados. Si usted honra a Dios y pone su fe en Su Hijo, Él lo bendecirá. Sin embargo, si usted se aleja de Él y busca su propia prudencia, tendrá muchos problemas. No es posible que un hombre que disfruta tener citas con varias mujeres, o se involucra en la pornografía, tenga la esperanza de que el Señor traiga a su vida una mujer piadosa con la cual pueda comenzar un hogar. El deseo de Dios es que el hombre le honre en el proceso de búsqueda de su alma gemela.

El hecho de que usted esté leyendo este libro significa que reconoce su necesidad de tener una esposa, pero, ¿sabe cuán extensa es esta necesidad? Es importante que tenga en cuenta que dicha necesidad debe ir más allá del hecho de tener una pareja sexual legítima. Dios creó al hombre con una necesidad permanente de unir su alma con alguien del sexo opuesto. Necesitamos alguien que esté a nuestro lado, una compañera de viaje, alguien que nos ayude a permanecer enfocados en las cosas verdaderamente importantes y nos dé su consejo al momento de tomar decisiones, con el fin de que éstas sean sabias y equilibradas.

Aunque la mayoría de los hombres tardan en reconocerlo, todos necesitamos una ayuda santa.

> **Una de las necesidades más apremiantes de un hombre es el sexo**

Los hombres somos muy conscientes de nuestra necesidad de sexo. Durante mi juventud como soltero, cada vez que pensaba en el matrimonio siempre era en un contexto sexual; trataba de pensarlo espiritualmente, pero sinceramente el matrimonio significaba solo una cosa para mí: podría tener sexo cada vez que quisiera y las veces que quisiera. Después de estar casado por un par de semanas, me sorprendió descubrir que mi propio cuerpo tiene limitaciones. Un hombre hambriento cree que puede comer por siempre, pero un hombre bien alimentado no piensa en comida todo el tiempo y, por lo tanto, necesita encontrar algo más en qué pensar y actuar. La imaginación y la realidad muchas veces están muy alejadas. Asumo que la mayoría de los solteros piensan de la misma forma en que yo pensaba; de manera que trataré de ayudarles a aliviar sus pensamientos e iniciaré hablando de las necesidades sexuales.

Amigos, Dios nos hizo con deseos sexuales. Fue Dios quien diseñó el sexo, no el diablo; el sexo no es exclusivamente para tener bebés, es un gran regalo de nuestro Creador para nosotros. Es una de las cosas más bellas que se pueden experimentar de este lado de la eternidad. Este es el regalo que Dios envolvió en el matrimonio: 'y serán una sola carne' (Génesis 2:24b). Algunos chicos creen que su deseo sexual es obra del diablo, pero no es así. Es normal que un hombre joven desee tener relaciones sexuales, el asunto es entender en qué tiempo y que solo en el contexto del matrimonio se pueden satisfacer dichas necesidades. Honramos al Creador al obedecer los límites que Él mismo ha puesto.

El deseo sexual hace que un joven busque intensamente una compañera. Sin embargo, en medio de esta búsqueda, un hombre joven puede subestimar la necesidad de encontrar no solo una compañera sexual, sino una amiga para toda su vida. La dificultad de esto radica en que muy pocos jóvenes disfrutan el hecho de tener a otra persona alrededor suyo todo el tiempo, especialmente alguien que tenga una opinión sobre todo lo que hacen (y una voluntad que algunas veces es contraria). Entonces, ¿por qué nos uniríamos a otra persona por el resto de nuestras vidas? ¿Es el sexo una razón suficiente para casarse?

Dios Dijo

Dios dijo: *'No es bueno que el hombre esté solo'* (Génesis 2:18). Todos nosotros eventualmente llegamos a sentir el anhelo de tener a alguien especial con quien podamos compartir lo más íntimo de nuestro ser, pero algunas veces podemos pensar que esa espera es muy larga. Por esa razón es importante recordar el modelo que Dios estableció con Adán en el jardín del Edén. Cuando Adán fue creado, él no tenía a una pareja que lo despertara en una casa de bambú con tres habitaciones; él fue creado sin una mujer y estaba completamente solo en un jardín lleno de animales y plantas.

El Alma Gemela de Adán

El primer hombre recibió el aliento de vida del Señor y abrió sus ojos para mirar la creación que sería su hogar. Al levantarse para ver la maravilla a su alrededor, el Creador tuvo una conversación con él. Dios le dijo que cultivara el Edén y que en el proceso podría comer los frutos de todos los árboles, excepto del que se encontraba en la mitad del jardín, el árbol de la ciencia del bien y del mal. El Señor también le dio la tarea de dar nombre a todos los animales que Él había creado, ¡una maravillosa labor sin duda! Sin embargo, cuando Adán observó a los animales funcionando en familia, él se dio cuenta de algo faltante en su vida, así que buscó a una pareja, su ayuda, alguien adecuado para satisfacer sus necesidades, 'más para Adán no se halló ayuda idónea para él' (Génesis 2:20b).

Allí estaba él, de pie en ese bello jardín y rodeado de toda clase de animales, comprendiendo que debía ser parte de una unidad de dos; de manera que sintió la necesidad, dada por Dios, de tener a otra persona para ser la ayuda de su alma. Necesitamos una hermosa compañera en nuestro caminar. Muchachos, es por esta razón que nos ponemos tan impacientes desde nuestra adolescencia y sentimos una gran necesidad de estar con una chica. Las vemos caminar alrededor en sus nuevos vestidos y estamos atentos cada vez que se arreglan el cabello un poco diferente; su sola presencia hace que todo sea mejor. La necesidad es tan grande, tan agobiadora y tan controladora que se siente como una adicción pecaminosa. Muchos llegan al punto de pensar: '¿Qué me está pasando? ¿Me voy a ir al infierno?'. No, pero sí es posible que usted esté caminando en medio del fuego y debe ser sabio en cada paso que da.

> **Un esposo y una esposa unidos demostrando la imagen del Creador en los seres humanos, esa es la esencia de un matrimonio glorioso**

El amor y el matrimonio entre un hombre y una mujer pueden, con la bendición de Dios, crear un pequeño paraíso en la tierra. No olvidemos que el Señor dijo: 'no es bueno que el hombre esté solo' (Génesis 2:18). Sin embargo, todas las cosas que Dios creó tienen un contexto, y el sexo está destinado a permanecer en la unión del matrimonio. Todos los deseos humanos deben ser regulados para cumplir con el propósito para el cual fueron diseñados; el sexo fue diseñado para el matrimonio y el matrimonio para el sexo, y para muchas cosas más.

El deseo sexual es una de las mayores tentaciones conocidas por un hombre durante su juventud. El apóstol Pablo habló de este tema y escribió acerca de cuál puede ser el remedio: "mejor es casarse que quemarse" (1 Corintios 7:9b, lbla). Esto habla de la dificultad de mantenerse puro sexualmente antes del matrimonio. Adán tuvo que soportar ese *fuego* solamente por unas pocas horas, pero nosotros tenemos que caminar en las *llamas* por diez años o más, y aunque es difícil, vale la pena la espera. 'La esperanza que se demora es tormento del corazón; pero árbol de vida es el deseo cumplido' (Proverbios 13:12). Buenas cosas llegan a aquellos que esperan, por eso su primera responsabilidad para obtener una hermosa ayuda idónea es esperar en el Señor y honrarlo; Él lo guiará en el camino.

Completo

Comencé a pensar en tener mi chica cuando tenía seis años, y me faltaba solo un mes para cumplir 26 años cuando finalmente la tuve. Pareció un tiempo largo y aburrido, especialmente en la pubertad, hasta que finalmente el alegre alivio del matrimonio llegó a mi vida. Dios creó a Adán pero no le proveyó una esposa inmediatamente. Él quería que el primer hombre sintiera una necesidad, no solo una necesidad sexual, sino la necesidad de una amiga, alguien que notara y apreciara sus labores manuales, y también alguien que le recordara que debía continuar trabajando con esmero.

La necesidad de tener una compañera de por vida es una de las cosas que nos hace humanos. Como hombres sentimos el deseo natural de encontrar nuestro complemento; este deseo aumenta a medida que maduramos.

Cada vez que un hombre busca amar y apreciar a su esposa, estará más y más equilibrado y podrá reflejar más la imagen de Cristo. Un esposo y una esposa unidos demostrando la imagen del Creador en los seres humanos, esa es la esencia de un matrimonio glorioso.

> La necesidad de tener un compañero de por vida es una de las cosas que nos hace humanos

TIEMPO DE ESTUDIO

A pesar de que muchas personas piensan que la Biblia no habla de temas de pareja, lo cierto es que sí lo hace. Uno de los pasajes en los que encontramos información al respecto es Proverbios 30:18-19:

> *'Tres cosas me son ocultas; aun tampoco sé la cuarta: El rastro del águila en el aire; el rastro de la culebra sobre la peña; el rastro de la nave en medio del mar; y el rastro del hombre en la doncella'.*

Las primeras tres son maravillas naturales que conmocionan la mente al considerar el misterio y la belleza de la creación de Dios; éstas son utilizadas como metáforas para ilustrar la última: 'el rastro del hombre en la doncella'. Los tres ejemplos de la naturaleza son de hecho maravillas, pero el cuarto va más allá de ellas obligando al escritor a declararla como incomprensible.

¿Quién no se ha detenido a admirar el águila que sin esfuerzo alguno se eleva en los cielos con gracia y dignidad, envidiando su habilidad de volar y preguntándose cómo se ve nuestro mundo desde su elevada perspectiva?

De regreso en la tierra, la serpiente en la roca es pulcra, brillante y se mueve de una forma atractiva. Toma el sol perezosamente con sutiles, lentos e hipnóticos movimientos que poseen gracia y belleza. En contraste, el barco en el mar es poderoso y tempestuoso; siempre resonando bajo sus velas extendidas, salpicando agua y mostrando su poderío por donde quiera que va.

Similar a estos tres, un hombre con una doncella se eleva a grandes alturas y luego cae dormido en la roca, después de que el poder tempestuoso del amor lo lleva a demostrarle a su esposa cuánto la ama.

"El que halla esposa halla el bien y alcanza el favor del Señor", Proverbios 18:22 (RVA)

¡Qué interesante! Casarse es 'hallar el bien'. Piense en esto: Dios favorece al hombre que encuentra una esposa o, dicho de otra manera, cuando un hombre se casa obtiene una gracia especial de parte del Señor. Creo que ese es su deseo debido a que usted está leyendo este libro, de manera que espero ayudarle con los siguientes consejos para encontrar a la mujer indicada.

Dios muestra su favor al hombre que encuentra una esposa.

Capítulo 2

¿Con quién me debo casar?

"Oye, hijo mío, la instrucción de tu padre, y no desprecies la dirección de tu madre; porque adorno de gracia serán a tu cabeza, y collares a tu cuello". (Proverbios 1:8-9).

Encontré la Mejor para Mí

¿Es posible que un hombre de 67 años sepa algo sobre cómo encontrar una ayuda idónea? Pues bien, yo también tuve 16 años una vez y estuve *enamorado*… y luego 17 y estuve *enamorado* (diferente chica cada vez), y después 18 y 19 y así hasta los 25, antes de encontrar a mi ayuda idónea.

Seguía siendo virgen cuando me casé, pero no fue fácil mantener ese regalo virtuoso. Nunca fue fácil; sin embargo, ahora miro atrás y sé que fue la gracia de Dios la que me sostuvo con mi virtud intacta.

También sé que si hubiera escogido casarme con cualquier otra mujer, mi vida no sería la misma en la actualidad; yo sería alguien diferente, mis hijos serían diferentes y los logros de mi vida serían diferentes. No puedo imaginarme una mejor vida (un mejor matrimonio) que la que he vivido. Debo agradecer a Dios por haberme guiado a escoger a la persona indicada.

Aunque antes de casarme con Debi le propuse matrimonio a una chica equivocada (hablaré de esto en un próximo capítulo), Dios me guardó. Recuerdo que ella dijo "sí… pero", y entonces yo dije "no" y ambos seguimos adelante; ella era una persona maravillosa en todo sentido, pero no hubiéramos construido un matrimonio maravilloso. Al final resultó que mientras madurábamos nuestras vidas tomaron diferentes direcciones; nos convertimos en diferentes personas. A los 19 años no pude haber anticipado los cambios que ocurrirían en cada uno de nosotros, pero Dios sí los sabía.

Pasé mi juventud y el inicio de mis *veinte* buscando aquella mujer que Dios tenía reservada para mí, y Él en su gracia me ayudó a encontrarla en el tiempo adecuado. Mientras la esperaba, el Señor trabajó en mi corazón para que yo me convirtiera en el hombre que ella necesitaba.

Ahora bien, es bueno preguntarse en este punto: ¿cómo podemos saber que ella es la indicada cuando es tan fácil *enamorarse* durante la juventud? Ese es el tema central de este libro.

Déjeme Escoger a su Esposa

¿Está confundido e inseguro? Déjeme escoger a su esposa por usted. Soy un hombre viejo y con experiencia, y es posible que haga un mejor trabajo. O tal vez usted pueda confiar en la decisión de su padre o de su madre; ellos son sabios y sabrán que hacer. Es posible que la iglesia también pueda tomar esta decisión por usted; ellos encontrarán una agradable joven para que sea su pareja y les darán su bendición. Bueno, no quiero sonar demasiado sarcástico, pero eso es lo que usted debe hacer si quiere jugar a la ruleta rusa con su futuro.

Uno de mis hijos se casó antes de que yo supiera que él estaba considerando el matrimonio, por eso no tuve la oportunidad de 'ayudarle' a escoger; él lo hizo bien sin mí. Por otro lado, mi hijo mayor (Gabriel) no se había casado y pensé que podría terminar siendo viejo y soltero, así que me puse a 'trabajar' para ayudarlo a conseguir su ayuda idónea. Cuando yo estaba en algún evento cristiano, siempre estaba mirando alrededor y buscando la mujer de sus sueños. En varias ocasiones vi candidatas que, en mi opinión, serían perfectas para él. Siempre buscaba mujeres piadosas, inteligentes y hermosas; es decir, mujeres muy parecidas a mi esposa. Usualmente caminaba hacia la familia y les decía: "Tengo un hijo que necesita una buena esposa, y me pregunto si pudiera ir a visitarles". Lo cierto es que nunca tuve un rechazo. "Ir directo al punto", ese es mi lema. Después yo iba a mi casa y le contaba a mi hijo sobre la chica que había descubierto. En muchas ocasiones él contactaba al padre de ella y viajaba hasta al lugar en que la familia estuviera para compartir tiempo con ellos. Cuando volvía, yo le preguntaba: "Bueno, ¿qué piensas?".

Una vez él dijo: "Ella fue agradable; su padre y sus hermanos me cayeron muy bien".

"Bueno, ¿y qué piensas de ella?", le pregunté.

"Ella es una buena chica, pero no hubo química. No me gustaría casarme con ella".

"¿Por qué no? ¿Hay algo malo en ella?".

"Nada. Ella no me causa emoción; podríamos ser amigos, nada más".

Yo pensaba que esas chicas serían muy buenas opciones, pero mi hijo no. Seleccioné jovencitas que me hubieran gustado a mí cuando era joven y soltero; sin embargo, olvidé un detalle muy importante: mi hijo y yo somos diferentes, y nuestros gustos no son los mismos.

Después, debido a la insistencia de un amigo, él conoció a una hermosa señorita de un lejano estado que lo emocionó hasta lo más profundo. La conocí y supe que era una mujer piadosa, pero no era la chica en la que yo hubiera encontrado interés cuando tenía 28 años; intenté hablar con él de eso sin provecho alguno. Él se casó con ella y sigue encontrándola encantadora. Hoy, ella es una magnífica nuera y una gran mamá de tres de mis más felices y bien educados nietos, y el amor entre ellos sigue creciendo cada día.

Mirando atrás, aprendí una lección muy importante que ahora puedo compartir con usted, estimado lector: nadie, absolutamente nadie, puede escoger una esposa por usted. Si alguien más escoge, estará escogiendo para sí mismo.

Muchas de las chicas que mi hijo pasó por alto se convirtieron en amigas de sus hermanas y de la familia, e incluso vienen a visitar de vez en cuando; algunas se han casado y hemos conocido sus esposos e hijos. Es interesante ver que yo no hubiera escogido sus esposos para ellas tampoco, pero hoy es obvio que son perfectamente adecuados el uno para el otro.

Con mi vasta experiencia, ahora puedo juzgar que mi sabiduría como *creador de parejas* apesta. No soy apto para ordenar la vida entera de otra persona ni mucho menos para escoger su esposa o su esposo. Me tomó 10 años de búsqueda activa antes de poder decidirme por mi ayuda idónea, ¿cómo podría entonces decidir por otra persona?

Sabiduría Acumulada

Con eso fuera del camino, y sabiendo que no voy a decirle con quién debe casarse, ¿cómo puedo entonces ser de ayuda? ¿Cómo pueden sus padres, familiares, amigos e iglesia ser de ayuda? Usted necesita el consejo y el punto de vista de otros. No obstante, al final solo usted escogerá su compañera para toda la vida; por lo tanto, necesita sabiduría y ésta generalmente va de la mano con un curso intensivo que le ayude a controlar sus instintos sexuales. Si el Señor le permite casarse, ya habrá tiempo para disfrutar del sexo dentro del contexto correcto, pero por ahora es necesario construir fuertes cercas para evitar caer en conductas pecaminosas. Es necesario entonces caminar en sabiduría para no ser llevado por las corrientes de las pasiones juveniles.

A pesar de que la decisión final es suya, usted no tiene que hacer esto solo. Debe aceptar las opiniones de creyentes maduros y pedir el consejo sabio de aquellos que han pasado por eso antes. **"...Mas en la multitud de consejeros**

> **Pida el consejo sabio de aquellos que ya han pasado por eso antes**

hay seguridad" (Proverbios 11:14). Cuando usted compra una casa, consulta las compañías de seguro, la constructora, habla con los vecinos, revisa el reglamento de propiedad, averigua sobre los riesgos de inundación, el tráfico, etc. Es decir, usted se asegura de que todo esté en orden antes de hacer una inversión. ¡Todo este problema por una casa! ¿Por qué no podríamos hacer solamente una rápida visita y decir: 'Oye, esta es una hermosa casa, me sentiría bien en ella'? Si a usted le gusta, ¿qué más importa? Pues bien, un año después de la compra todo importa.

Aunque comprar una casa es una decisión importante, con el tiempo ésta se puede vender en caso de que no haya cumplido las expectativas. Sin embargo, elegir una esposa es algo para toda la vida. Romanos 7:2-3 nos recuerda que el matrimonio es para toda la vida; no podemos cambiar de cónyuge solo por una cuestión de gustos o conveniencia. Una decisión compulsiva solo debe hacerse en lo que respecta a la compra de una camisa o un pantalón, no para la pareja de toda su vida. Escoger una esposa implica mucha oración y reflexión. En este importante asunto, voy a tratar de ayudarlo a pensar con la mente y no con las emociones.

Padres e Iglesias Quisquillosas

Los padres son propensos a esperar que sus hijos se casen con alguien 'perfecto'. Ellos suelen ser muy selectivos y exigentes. Incluso, algunas veces *olvidan* las faltas de su hijo y resaltan las faltas y defectos de la chica que a él le interesa. Los padres son ambiciosos cuando se trata de sus hijos. "Ninguna mujer es demasiado buena para mi hijo", suele ser una frase que se escucha a menudo en las casas. Ellos esperan que la joven que se case con su 'pequeño' sea destacada académicamente, muy equilibrada emocionalmente, económicamente estable, bonita y, en el caso de los padres cristianos, entregada a las cosas del Señor.

Aquel que apunta muy alto puede excederse en su objetivo y no ser capaz de recuperar su flecha. Aceptémoslo, no somos tan especiales como pensamos. Lo cierto es que somos *comunes* en muchas más formas de las que nuestros padres están dispuestos a aceptar. He conocido jóvenes que han dejado escapar muy buenas mujeres por estar esperando que ella sea una *chica 10*. Si sus padres se ocupan en colar el mosquito, podrían aconsejarle a usted que se case con un camello. Aunque la mayoría de muchachos son un *5*, sus padres quieren que se casen con una *chica 10*, no solo en su apariencia, sino también por la personalidad, espiritualidad, creatividad y demás. No estoy sugiriendo que usted se conforme con cualquier persona, solo espero que esté seguro de cuáles estándares son verdaderamente importantes al buscar una ayuda idónea.

En un mundo perfecto

En un mundo perfecto… o diciéndolo de otra forma… en un mundo donde los creyentes fueran mayoría (un mundo donde los hombres caminaran en el espíritu de Dios y 'no proveyeran para los deseos de la carne' "Romanos 13:14"; un mundo donde los padres siempre dieran consejos sabios y bíblicos; un mundo donde las ambiciones mundanas no gobernaran nuestros corazones), los jóvenes podrían escoger a su esposa con mucha más facilidad. Sin embargo, la realidad que nos rodea es otra.

Muchas de las personas que afirman ser cristianos solo lo son nominalmente; ellos no se han arrepentido de forma genuina. Por lo tanto, para hacer una decisión sabia en lo que respecta a la elección de una mujer piadosa, es crucial conocer al Señor verdaderamente. Solo de esa forma usted sabrá que su decisión no está basada meramente en sentimientos, emociones o caprichos. La oración y el estudio de las Escrituras son claves en este proceso.

Hay muchos jóvenes que han crecido en hogares de cristianos nominales en los cuales no han recibido buenos ejemplos de matrimonios piadosos. La oración o el estudio de la Palabra no es algo que caracterice estas familias. Por tanto, las últimas generaciones piensan que los matrimonios 'cristianos' no son mejores que aquellos que conforman las personas que no son creyentes. Los jóvenes en la actualidad son criados en la *cultura de Hollywood* y no en las enseñanzas de la Biblia. Las citas ocasionales por diversión y la fornicación parecen ser la norma en la actualidad. Esta situación ha alarmado a los pastores y a los padres por igual, y los ha llevado a tomar medidas al respecto, algunas de las cuales han aumentado el problema en vez de solucionarlo.

Por ejemplo, en los Estados Unidos se han levantado movimientos extremos de *homeschool* (educación en casa) como *El Pan de Trigo*, el cual ha sido tierra fértil para exóticos sistemas de cortejo y compromiso matrimonial. Éste representa una idea medieval y patriarcal del 'derecho divino' de los progenitores, en donde el padre y la madre de ambas familias se reúnen para arreglar el matrimonio entre sus hijos. Creo que ellos vieron la película "El Violinista en el Tejado" y pensaron que su mensaje era bíblico. No alcanzo a describir cuánta tragedia y desilusión ha desencadenado este movimiento, incluso divorcios.

Este sistema fue acogido por muchas personas, pero a medida que los jóvenes entraban en esa especie de 'matrimonio arreglado' algunos descubrieron que habían sido casados con alguien que ni siquiera les gustaba. A sus padres les parecía alguien piadoso y con buenos ingresos, pero para el novio o la novia esa persona solo era un extraño con quien no tenían nada en común.

He recibido cientos de tristes cartas de estos compromisos matrimoniales arreglados, y aunque en algunos casos se han producido buenos matrimonios por medio de ellos, en la mayoría de las ocasiones éstos generan hijos e hijas resentidos que culpan a sus padres por la miseria en la que viven. Una cosa es cometer un error por iniciativa propia, y otra cosa es que alguien lo cometa por nosotros. Cuando alguien comete un error por su propia cuenta acepta la realidad y trata de sacar lo mejor de lo ocurrido, pero cuando una persona es víctima del error de alguien más es probable que él se entregue a la amargura y a la desilusión.

Algunas iglesias estrictas exigen firmemente que sus jóvenes se casen con alguien de su misma denominación. Muchas de estas congregaciones se han reducido en número y, por lo tanto, no hay muchos prospectos de esposos o esposas disponibles. La motivación para este tipo de decisiones suele basarse en criterios humanos y busca simplemente que la iglesia crezca en número. Nuestro deseo no debe ser perpetuar el nombre de una congregación, sino instruir a los miembros de la iglesia del Señor a buscar a un cónyuge que honre a Dios y les permita construir juntos una familia que refleje la grandeza del Salvador.

Hijos, Obedezcan a sus Padres

Entonces, ¿qué podemos decir del versículo que dice: **"Hijos, obedeced en el Señor a vuestros padres, porque esto es justo"** (Efesios 6:1)? Pues bien, este versículo habla de obediencia "en el Señor"; por lo tanto, si sus padres le ordenan algo contrario a lo que dice el Señor, usted deberá decir, con el mayor respeto posible, lo mismo que Pedro le dijo al gobernador que le ordenó dejar de predicar en el nombre de Jesús: **"…Es necesario obedecer a Dios antes que a los hombres"**, (Hechos 5:29). Aunque debemos honrar a nuestros padres siempre, no podemos dejar que ellos tomen una decisión tan importante en nuestras vidas como la elección de un cónyuge. Usted es responsable ante Dios por sus propias decisiones y por los resultados de ellas.

Mucha Oración

Como vemos esta no es una decisión fácil; es necesario que la tomemos en mucha oración. Pídale al Señor la sabiduría necesaria para no equivocarse en su búsqueda. Ore con esmero para que lo que usted decida esté alineado con la voluntad de Dios revelada en su Palabra.

Sabio Consejo

"Oirá el sabio, y aumentará el saber, y el entendido adquirirá consejo", Proverbios 1:5.

No debemos ignorar el buen consejo: *"Oye, hijo mío, la instrucción de tu padre, y no desprecies la dirección de tu madre"*, Proverbios 1:8.

Es posible que usted se esté preguntando si estoy en contra o a favor del asesoramiento de los padres en la elección del cónyuge. Pues bien, creo que es bueno recibir el consejo cuando éste se basa en las Escrituras y no en los deseos propios.

Hay un peligro latente en obedecer ciegamente a los padres o a las iglesias cuando se trata de elegir con quién casarse. Sin embargo, también hay un peligro igual o mayor en oponerse o ignorar el consejo de los padres y el asesoramiento de aquellos que se preocupan por usted.

Busque el Consejo de Muchos

"...Y en la multitud de consejeros está la victoria", Proverbios 24:6

¿"Multitud de consejeros..."? ¿Por qué una multitud? Porque todos aquellos que pueden aconsejarle son falibles (incluyéndome a mí) y es posible que no todos estén de acuerdo. Al decir esto no estoy sugiriendo que busque un consenso en todo lo que le digan, pues es probable que en algunos casos la mayoría de consejeros se equivoque. Sin embargo, escuchar varias perspectivas nos permite pensar y filtrar las diferentes opiniones a través de la Palabra de Dios. No olvide que cuando una persona está enamorada suele *enceguecerse* ante la realidad y solo ve lo que quiere ver. De manera que el consejo de muchos puede ser de gran ayuda para comprender la situación que se está viviendo desde varias perspectivas.

Cuando una persona piadosa y sabia en el Señor le dé un consejo contrario al que usted piensa en su proceso de búsqueda de cónyuge, es importante que ore y le pida al Señor guía; tal vez es posible que usted esté caminando en terrenos peligrosos. Esto no quiere decir necesariamente que esté haciendo algo mal, pero es importante que analice sus motivaciones y las compare nuevamente con la Palabra de Dios. Nunca es bueno desechar el consejo de un hombre o una mujer de Dios, especialmente si esa persona busca sinceramente nuestro bienestar. Al conversar con él podremos saber si sus motivaciones están basadas netamente en las Escrituras o solamente en sus opiniones. Sea muy cuidadoso y humilde al darle la espalda a un consejo de sus padres o amigos cercanos, pero tenga en cuenta que debido al involucramiento sentimental que ellos tienen con usted es probable que mezclen mucho sus propios pensamientos con lo que Dios dice verdaderamente en Su Palabra.

Como aguas profundas es el consejo en el corazón del hombre; mas el hombre entendido lo alcanzará (Proverbios 20:5).

Alcanzar el consejo' (citando a Salomón) es un proceso. Si usted es un "hombre entendido", un hombre que se deleita en la ley de Dios, el Espíritu Santo trabajará en su corazón y le guiará a tomar los consejos prudentes que estén relacionados con la Biblia. Pero es necesario profundizar y *bucear* en las "aguas profundas" para alcanzar la sabiduría que yace en un buen consejo.

Si usted siente que no puede *bucear* en un consejo y piensa que no es un hombre entendido, hay un pasaje que puede darle consuelo:

Y si alguno de vosotros tiene falta de sabiduría, pídala a Dios, el cual da a todos abundantemente y sin reproche, y le será dada, (Santiago 1:5).

Dios desea que sus hijos tomen una buena decisión al elegir a su ayuda idónea y Él ha puesto a nuestra disposición la sabiduría de

Su Palabra para que podamos escoger a nuestro cónyuge basados en su voluntad. Si las personas entendieran esta verdad, el gran número de divorcios y separaciones que vemos en esta época se reduciría drásticamente. Es triste ver que muchos matrimonios han sido construidos sobre las cenizas, pero, ¿por qué cometer un error y no prevenir desde antes de casarse? Si usted hace las cosas bien desde el principio podrá tener un matrimonio piadoso que honre a Dios y traiga alegría a su vida.

Una Advertencia

El necio menosprecia el consejo de su padre; mas el que guarda la corrección vendrá a ser prudente, (Proverbios 15:5).

Algunos de mis lectores son necios (y estas no son mis palabras, observe el versículo de arriba). Muchos incluso pensarán en este momento que pueden menospreciar el consejo de sus padres y de las personas de la iglesia. No obstante, es importante mencionar que así como sus padres no tienen un 'derecho divino' para escoger a su cónyuge, usted tampoco tiene derecho a esperar que Dios bendiga sus decisiones si menosprecia lo que ellos le dicen. Usted debe encontrar un equilibrio entre ser responsable por sus propias decisiones y estar abierto al consejo de sus progenitores; siempre buscando honrar al Señor con sus decisiones.

La Biblia es la Palabra de Dios; contiene la información más importante que jamás podremos leer. ¡Leámosla!

Debido a la importancia de este tema, quisiera tener la sabiduría suficiente para ayudarle de la mejor manera. Estuve tentado a hacer lo que la mayoría ha hecho: crear un sistema de consejería matrimonial diseñado para ayudar al necio en su necedad, pero entonces yo y aquellos en control seríamos los responsables del resultado, y entonces tendríamos el mismo problema.

Si usted pudiera leer algunas de las cartas que he recibido perdería la autoconfianza y la seguridad en cualquier sistema (o persona) que pretenda escoger la ayuda idónea perfecta para usted. Muchas tragedias matrimoniales se generan por confiar en esos métodos humanos. Pero no se desaliente, este libro no ha terminado y hay muchas cosas buenas en este proceso. Hay esperanza en Cristo y Él nos capacita para tomar decisiones correctas.

Una Advertencia en Contra de las Hormonas

Los chicos impulsados por sus hormonas pueden 'enamorarse' de una joven solo con verla en una foto. Esto es cómo si alguien que empieza a trabajar en la minería comenzará a llamar 'mina de oro' al primer hoyo en el que cae y comenzara a excavar de inmediato.

La pasión y los buenos sentimientos no significan que haya compatibilidad, pero lamentablemente cuando un hombre se siente muy atraído por una mujer no aceptará críticas al respecto. Él está seguro de que la felicidad pura le espera en los brazos de su *amada*. '¿Cómo puede algo que se siente tan bien, estar mal? Estamos hechos el uno para el otro', suele afirmar. Tengo noticias para usted mi querido amigo: si usted dice eso con referencia a todas las chicas que llaman su atención, esas expresiones son solo producto de sus hormonas. Es necesario entonces que desconfíe de sus sentimientos y sus impulsos biológicos porque éstos pueden ser un estorbo en su busca de una Ayuda Idónea.

Sé que esto puede sonar frío para algunos de ustedes, jóvenes románticos que se dejan llevar por el idealismo de los libros de ficción, pero las advertencias son importantes porque cuando sus sentimientos y sus hormonas lo estén llevando a apresurarse en su elección, estas exhortaciones le ayudarán a tomar decisiones más prudentes. No espere hasta el momento en que esté en el corazón de la batalla para defenderse contra los impulsos de su cuerpo. Es crucial que usted tome la decisión de no confiar en sus emociones y en sus hormonas durante su proceso de busca de una Ayuda Idónea, solamente confíe en la Palabra de Dios y en los principios que ella nos enseña. Establezca reglas de prevención desde un principio para evitar las malas decisiones.

Si usted ha cometido errores en su búsqueda de una Ayuda Idónea y se ha dejado llevar por sus impulsos, recuerde que puede pedirle al Señor perdón para que Él le permita enmendar sus pasos. Él es misericordioso y puede enseñarle a los pecadores el camino (Salmo 25:8).

♥♥♥

Y si alguno de vosotros tiene falta
de sabiduría, pídala a Dios.

TIEMPO DE ESTUDIO

Hay 31 capítulos en el libro de Proverbios, lo cual nos permite leer uno cada día durante cada mes. Los capítulos 1 al 9 contienen una exhortación paternal para los hombres jóvenes. Los capítulos 10 al 24 muestran el contraste entre la sabiduría y la necedad. El último capítulo está escrito por una madre que le dice a su hijo qué características debe mirar al buscar a su prometida. En 22 ocasiones el libro de Proverbios hace un llamado a los jóvenes diciendo: "Hijo mío".

> *Porque la palabra de Dios es viva y eficaz, y más cortante que toda espada de dos filos; y penetra hasta partir el alma y el espíritu, las coyunturas y los tuétanos, y discierne los pensamientos y las intenciones del corazón.*
> (Hebreos 4:12)

Dios describe su Palabra como *viva, eficaz y más cortante que una espada de dos filos*. La Palabra de Dios es poderosa para hacernos sabios; por lo tanto, debemos leerla, estudiarla y ponerla en práctica.

Empiece a escribir un diario sobre el libro de Proverbios; escoja versículos para memorizar diariamente (uno por cada capítulo) a medida que vaya leyendo el libro completo cada mes. Esto permitirá que usted tenga presente de forma continua la instrucción de Dios en su corazón. No olvide pedirle al Señor su guía y su sabiduría en cada paso que da.

> *Y si alguno de vosotros tiene falta de sabiduría, pídala a Dios, el cual da a todos abundantemente y sin reproche, y le será dada.*
> Santiago 1:5

¿Existe una mujer que quiera casarse con un misionero?

Capítulo 3

Novia a larga distancia

Esta es la historia de un joven que tenía ayuda considerable para encontrar el amor de su vida. Desde su juventud, Joshua había buscado al Señor y caminado en santidad, y Dios en Su gracia lo había bendecido. Dios intervino de forma sobrenatural en la elección de su esposa. Él hace esto en algunas ocasiones. Sin más preámbulos, aquí está la historia de amor de Joshua y Kelsie en sus propias palabras:

¿Tres Avisos y Estás Fuera?

Tenía 24 años, y a medida que el año 2003 culminaba, yo había llegado a la horrible conclusión de que Dios probablemente no quería que me casara pronto. Hasta ese momento mi vida había estado llena de muchos logros, pero el área sentimental no había sido uno de ellos. Algunas personas a mí alrededor pensaban que yo no me estaba esforzando lo suficiente, pero esto no podía estar más alejado de la realidad.

Al igual que cualquier muchacho, yo quería casarme; lo anhelaba; lo deseaba desde que tenía ocho años. Creo que mis dificultades para lograr ese objetivo estaban fuertemente ligadas con mi llamado: ¿Existía una mujer que quisiera casarse con un misionero? De ser así, ¿cómo podría encontrarla? En ese punto de mi vida yo ya había tenido tres intentos de noviazgo que no dieron fruto. No hubo mucho drama en esas historias, simplemente se redujeron al hecho de que yo no le gustaba lo suficiente a las chicas en cuestión.

Esta cadena de fallas fue una experiencia relativamente nueva para mí. Desde mi temprana adolescencia había creído en el Señor Jesús y me había arrepentido de mis pecados, y Él en Su gracia me había bendecido grandemente. Yo había aprendido a discernir su provisión en mi vida y confiaba en que Él estaba guiando mis decisiones.

En consecuencia, después de mi tercer intento fallido por empezar una relación sentimental, había empezado a sospechar que tal vez no estaba recibiendo algún *memorando divino*. Mi total fracaso en el propósito de encontrar a la compañera de mi vida me llevó a tener un temor creciente que me hacía pensar que Dios no quería que yo me casara, por lo menos no de inmediato. Pero si no era ahora, ¿entonces cuándo? Por alguna razón empecé a pensar que podría estar solo por diez años.

Me estaba dando por vencido; estaba cansado. Me había distraído de mi trabajo y los altibajos emocionales de cortejar me habían desalentado. En ese momento tomé una decisión que creo que el Señor desea que tomen todos sus hijos, especialmente los solteros que están buscando pareja: decidí esperar en Dios. Cuando hablo de esperar me refiero a la inactividad letárgica en la que el campesino se involucra cuando ora por sus cultivos pero sin tener la disposición para tomar el azadón. Amigos, he *labrado* lo mejor que puedo, he cumplido con todos los requerimientos que conocía; y después de orar, buscar, hablar con mis padres, pedir consejo, orar más y desear una esposa desesperadamente, todo lo que obtuve de parte de Dios fue silencio. Sin

> Después de caminar con el Señor por varios años había aprendido a discernir su provisión y su guía.

embargo, he aprendido que el silencio divino es en sí mismo una respuesta. Es como si el Señor nos estuviera diciendo: "Espera; mi tiempo no ha llegado, confía en mí." Por lo tanto, esperé.

Cuando hice esto, en cierto modo sentí que tenía menos preguntas que cuando empecé. Habían muchas cosas que no entendía, muchas preguntas relacionadas con el noviazgo y el matrimonio que seguían siendo un misterio, pero sabía una cosa: Dios es fiel. Aunque estuviera casado o soltero, yo debía servir al Señor de corazón y eso no iba a cambiar.

Unas semanas después recibí un correo de mi hermana Jennifer quien me escribió lo siguiente: "Recientemente he compartido la habitación con una chica maravillosa llamada Kelsie…"

Primero lo Primero

Mi presentación con Kelsie fue completamente diferente a lo que había imaginado antes. Cuando escuche de ella por primera vez, nosotros estábamos tan geográficamente separados como era posible. A comienzos del 2004, ella vivía en Oklahoma con sus padres, mientras que yo estaba en una especie de proyecto misionero de corto plazo en Tailandia.

La descripción de Kelsie en el correo de mi hermana fue espléndida, tanto que para resaltar sus cualidades ella usó adjetivos como: "piadosa, virtuosa y comprometida". No obstante, hubo uno en particular que llamó mi atención: "ella está orando para casarse con un misionero". Este último punto me hizo recordar la pregunta más importante que yo me había hecho acerca de mi posible matrimonio: "¿Qué tipo de mujer querría casarse con un misionero sabiendo que probablemente pasaría el resto de su vida en un país remoto en ultramar?". Aparentemente Kelsie era esa mujer.

> Casado o no casado, yo debía servir al Señor y eso no iba a cambiar.

Posteriormente averigüé que Kelsie no solo oraba por casarse con un misionero, sino que ella misma había estado en varios viajes misioneros por su propia cuenta. Había servido en Taiwán y México, y además hablaba español fluido.

Debido a mis convicciones personales, yo sabía que el siguiente paso era contactar al padre de Kelsie, Danny. Para mí era imperativo hacer eso sin que ella lo supiera, ya que en caso de que las cosas no funcionaran, deseaba tener la fuerza para salir silenciosamente sin causarle daño emocional a ella.

Pero había un gran problema: yo no tenía la posibilidad de hacer llamadas desde mi teléfono en Tailandia. Después de discutir el asunto con mis padres por correo electrónico, decidimos que la mejor solución era que mi padre se contactara con el padre de Kelsie.

Aunque no tengo el libreto de aquella conversación, sí recuerdo haber experimentado una gran preocupación de solo imaginar el desarrollo de ésta. Los principales componentes que yo anticipaba eran algo como esto:

Mi padre levanta su teléfono y marca el número de la casa de los Powell. El teléfono suena y un hombre contesta:

"¿Aló?

"Gracias, ¿podría hablar con Danny Powell por favor?

"Sí, habla con él".

"Buenos días Danny, mi nombre es Mike Steele. Usted no me conoce y yo no lo conozco, pero mi hija Jennifer conoce a su hija Kelsie. En fin, en realidad estoy llamando de parte de mi hijo Joshua, a quien usted tampoco conoce. Él es misionero en Ucrania, aunque actualmente está trabajando en Tailandia y está interesado en comenzar una relación con su hija Kelsie, a quien él tampoco conoce. Él quería contactarse con usted sin que Kelsie supiera, pero

> Imaginé un silencio, y luego un "click". Debido a mi convicciones personales sabía que el siguiente paso era contactar a su padre.

no le es posible hacer llamadas desde Tailandia, aunque sí puede comunicarse por correo electrónico. A mi hijo le gustaría saber si es posible enviarle un correo a usted para comentarle que a él le gustaría empezar una relación sentimental con Kelsie".

¿A qué estaba jugando? ¿Qué padre con sus cincos sentidos escucharía tan absurda solicitud? A pesar de mi vacilante fe, lo cierto es que Dios estaba haciendo su obra después de todo. Danny estaba completamente en sus cinco sentidos, y además estaba dispuesto a escuchar. Después de que los dos padres se contactaron por teléfono, recibí la aprobación para proseguir y enviar mi *correo de introducción*.

Cuando apenas era capaz de creer que esto en realidad estaba sucediendo, redacté un mensaje simple en el que me presenté, dando una breve explicación de mi trabajo como misionero, y además expresé mi deseo de "conocer a Kelsie a través de una relación de noviazgo con el propósito de casarnos, si era la voluntad del Señor". Hice énfasis en el respeto que le daba al hecho de que Kelsie era su hija, sabiendo que él era la cabeza establecida por Dios en su familia y recordándole que yo estaba dispuesto a proceder de la manera y al ritmo que él deseara. Luego pulsé enviar y esperé.

Recibí una respuesta positiva poco tiempo después, y Danny y yo comenzamos nuestra comunicación por correspondencia.

¿Saliendo con el Papá?

En nuestra cultura moderna, muchos jóvenes cristianos se burlan de la idea de contactar al padre de la novia antes de empezar una relación con ella. 'Después de todo, ella es una adulta y debe tomar sus propias decisiones', argumentan. Aunque reconozco que existen excepciones, mi posición hasta el día de hoy sigue siendo la misma: si es posible, hable primero con el padre de la chica acerca de la posibilidad de iniciar un noviazgo. Los beneficios de tal acercamiento son numerosos y, en mi caso, aunque al principio estaba muy nervioso, nunca me arrepentí ni siquiera por un momento de mi decisión de haberme comunicado con el padre de Kelsie antes de tener la intención de iniciar una relación sentimental con ella.

Cuando Danny y yo empezamos a escribirnos por correo electrónico, yo no tenía idea de qué esperar, pero sí sabía que por el momento Kelsie estaba bajo su *jurisdicción*, de manera que si quería tener una oportunidad para ganarme su corazón debía obtener primeramente el permiso de Danny. Le dije que todo transcurriría a su propio ritmo, le dije que me preguntara cualquier cosa referente a mi relación con su hija, y le dije que tomaría los pasos que él considerara necesarios a fin de asegurarle que yo estaba preparado para amar, liderar y proveer para su hija en el matrimonio.

Nuestros primeros correos estaban compuestos en gran parte por información básica de nuestras dos familias; él hacía varias preguntas sobre mi educación y ministerio, y después me contaba muchas cosas acerca de su familia. Lejos del intenso interrogatorio al cual tanto le temía, me di cuenta de que Danny y yo nos estábamos llevando muy bien. Él era un hombre con una excelente actitud y también era muy alentador. Más adelante me enteraría de que Dios había puesto en el corazón de él que Kelsie pronto tendría un compañero de vida, y él estaba orando mucho por eso. Para el tiempo en que leyó mi primer correo, él sintió profundamente que este noviazgo era la voluntad de Dios.

Considero que no fue una coincidencia que de todos los protagonistas de este *drama de cortejo* en particular, el padre de Kelsie fuera el primero en estar convencido en su corazón de que este matrimonio había sido hecho en el cielo. Incluso, antes de que yo escuchara el nombre de Kelsie Powell, Dios ya había puesto en el corazón de Danny que el tiempo estaba cerca.

Digámosle a Kelsie

Después de tres semanas, Danny me sorprendió al decirme que él pensaba que esto era obra del Señor y que debíamos hablar con Kelsie al respecto. "¿Cómo te gustaría decirle?", me comentó. Debido a que yo estaba en Tailandia, mis opciones eran limitadas. Al final decidimos que yo escribiría una carta introductoria y Danny y su esposa, Cindy, la imprimirían en papel pergamino, la atarían con una cinta color vino tinto y la entregarían a Kelsie.

Creo que en ese momento hubo algunos que al escuchar nuestra historia pensaron que Danny y yo estábamos tramando un matrimonio arreglado en el cual Kelsie no tenía voz, pero nada podía estar más alejado de la realidad. Danny, al ser el padre de ella, solamente estaba haciendo lo que cualquier padre sabio haría: proteger a su hija de relaciones dañinas y hacer todo lo posible para encontrar para ella a un hombre piadoso que pudiera ser un buen esposo. Dicho esto, se entendía que era Kelsie quien tenía el *poder del veto*; yo había propuesto un noviazgo, Danny lo había aprobado pero la decisión final sería de Kelsie.

Para el tiempo en que todo esto estaba sucediendo, Kelsie estaba de viaje enseñando en un retiro de chicas. Sus padres hicieron los preparativos necesarios durante su ausencia, y el día en que ella regresó, Danny sugirió a la familia ir a dar un paseo al parque después de la cena. Mientras el hermano menor de Kelsie se entretenía lanzando piedras al charco más cercano, ella y sus padres hablaban:

"Kelsie, tengo un idioma extranjero que considero deberías aprender", comentó Danny.

"¿En serio?", preguntó Kelsie intrigada.

En la familia Powell esta no era una charla inusual, ya que debido a su deseo de trabajar en misiones en el extranjero, ella dominaba el español, el chino conversacional y últimamente había estado estudiando francés.

Danny continuó: "Sí, creo que podrías estar interesada en aprender ucraniano".

Habiendo dicho esto, le entregó un pequeño y usado libro de bolsillo sobre frases y expresiones ucranianas. Al abrirlo, ella notó de inmediato un nombre escrito en la portada interior: Joshua Steele.

> Estábamos a miles de kilómetros de distancia, y aun así Dios usó nuestras aparentes limitaciones como un recurso para fortalecer nuestra relación.

El Comienzo

Me habían dicho que la mayoría de jovencitas reciben una especie de *shock agradable* cuando se enteran que tienen un admirador secreto. Kelsie no fue la excepción. Ella también había experimentado algunas desilusiones antes de haberme conocido, y se cuestionaba si habría un hombre de buen carácter que se interesara en ella.

Ahora, mientras su padre le entregaba el pergamino enrollado, ella soltó la cinta y leyó mi invitación.

"Querida Kelsie:

Aunque tú no me conoces, me he estado comunicando con tus padres desde el mes pasado para saber si existe la posibilidad de comenzar un noviazgo contigo. He disfrutado mucho el conocerlos, y de alguna manera el conocerte a ti a través de ellos (…)

Hemos estado hablando sobre ti ya por algún tiempo, y tu padre y tu madre me escribieron recientemente diciéndome que sentían que este era un buen tiempo para hacerte saber todo esto.

Por eso, mi propósito al escribirte esta carta es saber si tú estarías dispuesta a iniciar una relación de noviazgo con el propósito de matrimonio en mente, si el Señor lo permite".

La respuesta inmediata de Kelsie fue estar a solas para orar. Ella tenía mi carta, el libro de frases ucranianas y un montón de boletines misioneros que yo había escrito dos años y medio atrás.

Mientras Kelsie oraba, el resto de nosotros sostenía la respiración y esperaba. Afortunadamente, no tuvimos que esperar por mucho tiempo. Unas pocas horas después recibí una respuesta de Kelsie, en la cual ella accedía emocionada a iniciar una relación.

Noviazgo Misterioso

A medida que Kelsie y yo nos embarcamos en lo que se convertiría en nuestro viaje de por vida juntos, nuestra relación fue completamente diferente a lo que yo había previsto. Yo aún estaba en Tailandia y ella en Oklahoma. Mi relación con su familia había alcanzado la 'edad madura' de tres semanas, y ninguno de nosotros nos habíamos visto el uno al otro en persona. Nuestra incipiente amistad sonaba más como una exitosa historia de una página de *citas en-línea* que lo que debería ser un noviazgo cristiano; no obstante, ninguno de los que estaba involucrado podía negar que Dios estaba obrando.

Déjenme aclarar en este punto qué era lo que habíamos comenzado exactamente. Ninguno de los dos había accedido al matrimonio, ¿cómo podríamos? Solo conocíamos los más simples aspectos de cada uno y estábamos procediendo basados exclusivamente en la sincera creencia de que todo esto estaba bajo la dirección de Dios.

Nuestro acercamiento fue práctico. Separados por miles de kilómetros, nos enfocamos en intercambiar información y buscar en oración que esto era, en efecto, la voluntad de Dios. Era entendible que cualquiera de los dos estuviera en libertad de dar marcha atrás en cualquier momento, si sencillamente pensábamos que no glorificábamos a Dios con lo que estábamos haciendo.

A diferencia de la mayoría de jóvenes que inician un noviazgo, nosotros no podíamos vernos cara a cara y, por lo tanto, dependíamos en gran medida de la correspondencia escrita. Mirando atrás, los dos reconocemos que Dios usó esta aparente limitación como un recurso para madurar y fortalecer nuestra relación. A medida que nos escribíamos, discutíamos una gran variedad de aspectos y expresábamos nuestros puntos de vista en temas como: los hijos, las finanzas, la familia en general, la iglesia, el ministerio, la educación y el trabajo. En medio de este intercambio de ideas se entretejía una gran cantidad de detalles personales, todo gracias a simples y excitantes charlas entre dos jóvenes que se estaban enamorando rápidamente.

Sin embargo, amor fue una palabra que me abstuve de usar al principio. Muchos han rebajado esta palabra al decirla muy pronto y al usarla muy seguido con cualquier persona o cosa que captura sus mentes. Quería que Kelsie supiera que cuando yo confesara mi amor por ella la primera vez, no solamente serían palabras.

¡Te amo!

No paso mucho tiempo antes de que yo supiera que tenía que volver a los Estados Unidos, y tan solo un par de semanas después de completar una transición de vuelta a Ucrania desde Tailandia, volé a casa en Texas donde Kelsie me estaba esperando. Sus padres se habían mudado a Calgary, en Canadá, debido a una asignación laboral de la empresa donde Danny trabajaba, pero Kelsie se quedó para vernos y así poder comenzar a compartir tiempo, juntos en persona.

A medida que pasaban los días, mi confianza en nuestra relación creció de manera constante. Pronto decidí que era tiempo de decirle a Kelsie en términos claros que yo la amaba. Yo estaba *entrenado* para tomar ese paso con extrema cautela y decidí preguntarle primeramente a Danny, así que le envié un correo y pronto recibí su respuesta. Él me dio su permiso con gran emoción e incluso expresó su sorpresa al ver que yo no le hubiera expresado mi amor a Kelsie antes.

Armado con su aprobación, compré una docena de rosas rojas y las puse en la sala de la casa de mi abuela, donde Kelsie se estaba quedando. Esa tarde, Kelsie y yo entramos a la sala juntos y ella inmediatamente vio las flores. Su cara rebosó de alegría al ver la carta que sobresalía de un lado, la cual tenía escrito en letras grandes las palabras: "¡Te amo, Princesa Kelsie!"

Unos días después, le pregunté a ella si se casaría conmigo y aceptó alegremente. Es probable que en ese momento no hubiera dos personas más felices en la tierra que nosotros. Después de largos meses de espera, búsqueda y oración, estábamos seguros de haber encontrado en el otro a nuestro compañero para toda la vida.

Los días y las semanas siguientes estuvieron mezclados maravillosamente con viajes, reuniones familiares, planes de matrimonio y, por supuesto, tiempo juntos entre nosotros. El 18 de septiembre de 2004, nuestro noviazgo terminó oficialmente, a medida que pasábamos el umbral de la soltería y nos acercábamos al matrimonio. Menos de un mes después llegamos a Ucrania, donde comenzaríamos a construir nuestra vida juntos.

Para Siempre

Al momento de escribir esto, Kelsie y yo llevamos casados más de ocho años, y el Señor nos ha bendecido con tres preciosos hijos que son una inmensa alegría para nosotros. A pesar de que la vida de casados nos ha presentado grandes desafíos, los hemos enfrentado juntos: no como competidores, sino como amigos. De hecho, la frase "eres mi mejor amigo(a)" es una de las más usadas en nuestra casa.

Hemos sido muy bendecidos por medio de padres y mentores que nos recuerdan que debemos confiar en Dios en el área matrimonial, y somos testigos junto con miles de santos, de que Dios es verdaderamente fiel en dirigir el camino de aquellos que esperan en Él.

♥♥♥

Confía en el SEÑOR con todo tu corazón,
y no te apoyes en tu propio entendimiento.
Reconócele en todos tus caminos, y Él
enderezará tus sendas.
¡Proverbios 3:5-6!

TIEMPO DE ESTUDIO

Proverbios 2:1-11 dice:

Hijo mío, si…
1. recibieres mis palabras
2. y mis mandamientos guardares dentro de ti,
3. haciendo estar atento tu oído a la sabiduría;
4. si inclinares tu corazón a la prudencia,
5. si clamares a la inteligencia,
6. y a la prudencia dieres tu voz;
7. si como a la plata la buscares,
8. y la escudriñares como a tesoros,

Entonces entenderás…
1. el temor de Jehová,
2. y hallarás el conocimiento de Dios.
3. Porque Jehová da la sabiduría,
4. y de su boca viene el conocimiento y la inteligencia.
5. El provee de sana sabiduría a los rectos;
6. es escudo a los que caminan rectamente.
7. Es el que guarda las veredas del juicio,
8. y preserva el camino de sus santos.
9. Entonces entenderás justicia,
10. juicio
11. y equidad,
12. y todo buen camino.

Cuando la sabiduría entrare en tu corazón, y la ciencia fuere grata a tu alma, la discreción te guardará; te preservará la inteligencia (Proverbios 2:10-11). Haz un esquema de este pasaje en tu diario de Proverbios.

> **Nuestras acciones
> y reacciones
> traen resultados
> en esta vida presente
> y en la eternidad.**

Toda buena dádiva y todo don perfecto desciende de lo alto, del Padre de las luces, en el cual no hay mudanza, ni sombra de variación.

(Santiago 1:17)

Capítulo 4

¿Cómo saber si ella es la indicada?

Sé que en la iglesia cristiana moderna existen varios movimientos encaminados al noviazgo formal que están supuestamente basados en modelos bíblicos; muchos de los que han sido diseñados últimamente no permiten que el chico y la chica se conozcan sin antes haber hecho un compromiso para casarse. Eso significa que usted podría decirle al padre de una chica: "¿qué opina si me uno a su familia este sábado para ir al zoológico?

Es posible que él responda: "¿Cuáles son sus intenciones con mi hija?".

Usted podría decir: "Pretendo conocerla como amiga en el contexto de su familia".

A lo cual él podría responder: "Necesitará comunicarse primero conmigo por un año antes de que pueda hablar con ella; no quiero que juegue con el corazón de mi hija".

"Olvídelo, disculpe por haber preguntado", responde usted.

No se involucre en una situación donde usted deba comprometerse a algo más que a la virtud y al respeto antes de conocer a fondo a una chica. La amistad es un punto importante que permite conocer a la otra persona y saber verdaderamente si ella es la mujer con la que usted desea casarse. Aunque es importante tener claro que las citas no se deben tener meramente por diversión, también es necesario compartir tiempo como amigos para conocerse antes de establecer una relación de noviazgo que tenga como propósito el matrimonio. No se comprometa con alguien a quien usted no conoce. Nadie puede amar a quien no conoce.

Manténgase Puro

El mundo cree que las relaciones sexuales prematrimoniales son necesarias para conocer mejor a alguien antes de tomar la decisión de casarse. Sin embargo, Dios nos enseña en la Biblia que la castidad es necesaria en las relaciones sentimentales y la virtud debe ser conservada como algo sagrado hasta dársela a alguien que la atesorará y la guardará por el resto de su vida en el vínculo matrimonial. Llegar al matrimonio sin la virtud es una muestra de falta de amor a los mandamientos del Señor y de respeto hacia la persona con la que se pretende contraer nupcias.

> Los cristianos tienen el compromiso de mantener su virtud hasta el matrimonio.

Los cristianos tienen el compromiso de mantener su virtud hasta el matrimonio. Nosotros no tenemos 'términos medios' en esta área. Sin embargo, existen algunos jóvenes que piensan que la virtud es algo meramente sexual y olvidan que ellos también deben cuidar su corazón en un estado de virginidad. Tener citas románticas solamente por diversión es algo sumamente peligroso, ya que éstas pueden llevar a situaciones que comprometan la santidad de la mente en el área sexual.

Reflexione sobre esto: si usted estuviera casado y su esposa tuviera un amigo hombre con quien ella *molestara* como muchos jóvenes lo hacen en sus citas románticas, ¿no consideraría eso como una infidelidad hacia usted? ¡Por supuesto que sí! Usted consideraría eso como una traición a los votos matrimoniales. ¿Por qué? Porque usted sabe que ella no debe compartir de esa forma con alguien que no es su esposo. ¿Cómo entonces podríamos justificar las citas románticas por diversión? ¿Tener gestos románticos con una persona no es algo que debería hacer su futuro esposo? Si usted se involucra en ese comportamiento está consumiendo su virtud a cambio de la emoción de sentirse bien y compartir un momento agradable.

> *Sobre toda cosa guardada, guarda tu corazón; porque de él mana la vida. Aparta de ti la perversidad de la boca, y aleja de ti la iniquidad de los labios. Tus ojos miren lo recto, y diríjanse tus párpados hacia lo que tienes delante. Examina la senda de tus pies, y todos tus caminos sean rectos. No te desvíes a la derecha ni a la izquierda; aparta tu pie del mal*, (Proverbios 4:23-27).

¿Cómo se sentiría si su futura esposa está compartiendo cosas con un joven cuyo único interés es divertirse con ella? ¿Es indiferente al hecho de que ella, o usted mismo, se involucre emocionalmente de una manera no adecuada para personas que no tienen el matrimonio en mente? ¿Estaría usted de acuerdo con que ella se involucre en esos *jueguitos*? Y más importante aún, ¿qué dice Dios al respecto?

Si usted es un cristiano genuino, un discípulo de Jesucristo, usted tendrá el deseo de ser santo en cuerpo y alma, y nunca querrá causar daño a una jovencita que puede ser la futura esposa de otro muchacho. Por lo tanto, en el proceso de conocer a varias señoritas a la espera de descubrir su ayuda idónea, usted no debe sacrificar su virtud, o la de las chicas, ante el altar del placer temporal. Tener citas románticas es completamente inapropiado hasta que usted haya hecho público un compromiso de casarse.

Por consiguiente, cuando esté en su etapa de En busca de una Ayuda Idónea, mantenga una distancia emocional hasta que haya decidido con qué mujer usted desea casarse. Si pudiéramos apagar nuestras necesidades de romanticismo hasta que tomáramos esa decisión las cosas serían mucho más simples, pero eso no siempre es algo fácil de hacer. Por esa razón es mejor evitar el involucramiento emocional y pedirle al Señor ayuda y Su gracia en este proceso. Como hombres sentimos el deseo de la compañía y, especialmente, nos sentimos cómodos junto al sexo opuesto, de manera que es mejor ser sabio en este asunto y mantener la distancia.

¿Cómo Puedo Saber?

Usted podría preguntarse: "¿Cómo puedo saber que vamos a ser compatibles?". Pues bien, solo hay una manera de saberlo y es invirtiendo tiempo en la fase de amistad antes de involucrarse en una fase de compromiso. Compartan tiempo como amigos junto a otras personas, conozca a la familia de la chica y a su círculo social. Eso es clave.

Muchas personas cometen errores en el área sentimental porque se saltan los procesos y no comparten tiempo de amistad; ellos simplemente no conocen a la persona con la que se involucran sentimentalmente. Existen espacios como las reuniones de jóvenes en las iglesias en donde los chicos pueden compartir como amigos y, con el paso del tiempo, darse cuenta si en ese grupo existe una persona con la cual podrían iniciar una relación de noviazgo con propósito hacia el matrimonio.

> "Trabajar juntos en un proyecto evangelístico es una buena manera de conocer a una chica."

El contexto más natural para esta socialización es la vida en comunidad, donde la gente comparte y se conoce sin ningún tipo de connotación romántica. Allí usted podrá sentirse relajado y solamente tendrá que preocuparse por edificar una amistad. Un muchacho puede hablar con una joven sin que ninguno de los dos piense que eso significa algo más; los sentimientos no están involucrados en dicho compartir. Una chica puede acercarse a un muchacho completamente relajada y empezar una conversación. No hay ninguna promesa o expectativa y, teniendo en cuenta que están en compañía de otras personas, no hay oportunidad para una mayor cercanía personal.

Conociéndote… a Larga Distancia

Es importante que busque una chica piadosa; esa debe ser su prioridad. Ahora bien, esa no es una tarea fácil de hacer hoy en día. La mayoría de jóvenes (tanto hombres como mujeres) buscan divertirse todo el tiempo y piensan que la vida es un chiste; sin embargo, un chico creyente debe tener discernimiento y no involucrarse con alguien que no ama y no teme a Dios. Solamente junto a una mujer piadosa usted podrá construir un hogar que glorifique al Señor y bendiga a quienes les rodean.

Es posible que durante esa búsqueda usted tenga que aguantarse a padres sobreprotectores y madres que escudriñan todo, pero recuerde que el tesoro que usted busca vale la pena. También habrá padres razonables que no querrán hacerle un escáner cerebral, ellos simplemente querrán saber si usted es un serio pretendiente, no algún acosador que busca pasar un buen rato con su hija. Los interrogatorios no se harán esperar, de manera que debe estar listo para muchas preguntas, algunas de las cuales pueden ser incómodas. Recuerde que los buenos padres que han criado a sus hijas en el temor del Señor no dejarán que ellas se vayan con cualquier muchacho. Por lo tanto, si usted quiere una mujer de Dios, entonces tendrá que ser un hombre de Dios.

No dude en hablar con valentía cuando esté con la familia de una chica; camine firme y preséntese ante ellos con seguridad. Hable de temas de interés común; muéstrese como un hombre colaborador y no dude en ofrecer su ayuda en cualquier cosa que se requiera. Ciertamente ellos sabrán cuáles son sus motivaciones, pero un suave acercamiento facilita las cosas para todos, y ellos probablemente apreciarán que usted se tome ese esfuerzo. Conozco chicas piadosas que nunca han tenido un pretendiente; ellas son tesoros escondidos. Vaya en busca de un tesoro.

Pase el día con la familia de una joven en una excursión; una larga y aburrida jornada con sus hermanos y hermanas alrededor. Usted necesita verla en muchas situaciones, ya que todo el mundo puede fingir por algunas horas, pero el tiempo y las pruebas nos muestran la realidad; allí el alma emerge a plena luz. Si ella es impaciente con sus hermanos y hermanas, entonces lo será con usted; si ella irrespeta a su padre, también lo irrespetará a usted.

Tal vez piense que puede vivir con una mujer impaciente e irrespetuosa porque piensa que nadie más se fijará en usted, pero al menos sabrá lo que le espera en el futuro. Además, ella también tendrá que aguantar muchas cosas malas de parte suya. No disimulemos; esa es la verdad. Es muy importante que en esa parte del proceso usted le pida a Dios mucha ayuda para tomar una decisión sabia de la cual no tenga que arrepentirse en el futuro.

> Conozco chicas piadosas que son tesoros escondidos. Vaya en busca de un tesoro.

Si mantenemos nuestros ojos abiertos y pensamos sin la venda que las emociones suelen poner en nuestra mente, podremos escoger una buena ayuda idónea que nos ayude a crecer más como creyentes y traiga alegría a nuestra vida. Si usted confía en su propia prudencia, es probable que se *enamore* de una chica y se case enceguecido por las emociones, solo para darse cuenta a las dos semanas de casado que cometió un gran error. Recuerde que en la Palabra de Dios puede encontrar la sabiduría necesaria para tomar esta decisión tan importante.

El ministerio en el cual el Señor me ha dado la oportunidad de servir, "*No Greater Joy*", realiza actividades a las que denominamos *festivales*. Son reuniones para familias y solteros con el fin de enseñar la Palabra de Dios, hacer deporte y compartir. Estos *festivales* son buenas oportunidades para que los jóvenes conozcan chicas piadosas. Esta es la historia de una pareja que se conoció en uno de dichos *festivales*.

Fue Como si la Conociera de Toda la Vida

A los 32 años de edad, estoy listo para casarme. He terminado mis estudios, tengo un buen trabajo y un anhelo constante por tener una esposa, pero mis esfuerzos por encontrarla han sido inútiles hasta ahora. Vivo en un lugar remoto parecido a las montañas de Montana, donde solo hay vacas y vaqueros. En nuestra pequeña iglesia local, la única mujer disponible es una viuda de 75 años. Es tierna pero evidentemente es bastante mayor. Muchas familias han contactado a la mía con el fin de que vaya a conocer a sus hijas, pero a mí no me gustan ese tipo de arreglos, prefiero buscar por mí mismo.

A lo largo de los años, el Señor me ha ayudado en el área sexual, manteniéndome puro; sin embargo, esta situación no ha sido fácil para mí como hombre. Por esa razón considero como algo muy importante que mi futura esposa llegue al matrimonio habiendo seguido al Señor en pureza, lo cual también ha limitado mi selección de una novia; pero estoy dispuesto a esperar, aunque últimamente he sentido que mis días de espera se están acabando.

Al principio creí que esto del *festival* era una idea rara, pero luego de pensar en la posibilidad de que hubiera muchas chicas con mi forma de pensar bajo el mismo techo, cambié de idea. No quise admitir que iba en busca de esposa, pero sabía que no quería vivir solo por el resto de mi vida. El festival contaba por lo menos con 1500 personas y allí había más chicas lindas de las que jamás había visto en un solo lugar.

Por otro lado, también había muchos hombres solteros, así que tenía mucha competencia. Debido a que había tantas mujeres y el tiempo era muy corto, decidí buscar algunos líderes y misioneros con el fin de establecer una amistad y preguntarles cuáles eran las chicas más piadosas. Sabía que iba a ser fácil dejarme llevar por la primera niña tierna que me sonriera y no quería dejar que eso pasara.

Rápidamente me di cuenta de una chica que estaba de voluntaria organizando el escenario. Se veía alegre y más madura que algunas adolescentes, de manera que cuando tuve la oportunidad de hablar con ella me sentí muy cómodo al estar cerca suyo, como si la hubiera conocido desde hace mucho tiempo. El segundo día del *festival*, les pregunté a algunos líderes si la conocían y qué pensaban de ella. Todos tenían muy buenas opiniones. En los siguientes días de la actividad tuve varias oportunidades para hablar con ella cuando estábamos en grupo, pero nunca a solas, excepto por un minuto aquí y allá. Ella se había involucrado en el programa, así que estaba muy ocupada ayudando. Creo que nunca se dio cuenta de que yo me estaba fijando en ella.

El último día del festival le pregunté abiertamente a una pareja de casados: "¿Cuál chica creen que es el mejor partido de todo el festival?". Los dos miraron alrededor del gran salón hasta que sus ojos se posaron sobre una joven. "Ella", dijeron sin dudar, y resultó ser la chica que había llamado mi atención. Me aseguré de obtener su correo electrónico antes de irme a casa.

Oré pidiendo al Señor que me permitiera estar en contacto con ella y pasé mucho tiempo pensando en qué aspectos estaba buscando verdaderamente en mi esposa. Con una chica en mente, comencé a pensar con seriedad cómo sería tener una mujer, esa mujer, en mi

> Con una chica en mente, comencé a pensar con seriedad cómo sería tener una mujer, esa mujer, en mi vida.

vida. Después de una semana, más o menos, le escribí un correo electrónico, le pregunté si le gustaría que nos comunicáramos, y le dije que me encantaría contactar a su padre antes de que comenzáramos a charlar más seguido. Ella me respondió diciendo que había hablado con su padre y que le había mostrado mi correo; él le había dicho que no quería involucrarse demasiado, ya que ese no era su estilo y además confiaba en que su hija caminaba ante el Señor en santidad. Yo estaba sorprendido pues siempre asumí que el papá me pondría sobre la parrilla; era bueno no estar rostizado.

Nos empezamos a escribir y a formularnos serias preguntas personales. Después de unas pocas semanas le dije que quería que habláramos por teléfono. Ella vaciló un poco, pero yo la presioné. Charlar telefónicamente ha sido una buena manera de conocerla a fondo sin tener que compartir en persona. A pesar de que no nos vemos, la *química* se está dando. Nuestra relación ha ido creciendo a medida que hablábamos sobre nuestras perspectivas y objetivos. Es increíble ver que pensamos de manera muy similar y tenemos las mismas metas para la vida: hijos, ministerio, doctrina y convicciones. El tiempo que nos hemos estado escribiendo nos ha dado a los dos la oportunidad de orar y buscar la guía de Dios, y me ha hecho anhelar un futuro en el cual espero, confiando en el Señor, que estemos juntos como esposos. Todavía tenemos que terminar de conocernos bien, pero ese proceso está pasando rápidamente. Han sido tan solo unos meses, pero puedo ver cómo el viento está soplando y espero una tibia primavera. Solo pensar en ella me emociona profundamente. Su vida me ha marcado para bien.

♥♥♥

Bienaventurado el hombre que halla la sabiduría, u que obtiene la inteligencia.
(Proverbios 3:13)

TIEMPO DE ESTUDIO

Confía en el Señor con todo tu corazón, y no te apoyes en tu propio entendimiento. Reconócele en todos tus caminos, y Él enderezará tus sendas.

No seas sabio a tus propios ojos, teme al Señor y apártate del mal. Será medicina para tu cuerpo y refrigerio para tus huesos. Honra al Señor con tus bienes y con las primicias de todos tus frutos; entonces tus graneros se llenarán con abundancia y tus lagares rebosarán de mosto.

Bienaventurado el hombre que halla sabiduría y el hombre que adquiere entendimiento; porque su ganancia es mejor que la ganancia de la plata, y sus utilidades mejor que el oro fino. Es más preciosa que las joyas, y nada de lo que deseas se compara con ella.

Larga vida hay en su mano derecha, en su mano izquierda, riquezas y honra. Sus caminos son caminos agradables y todas sus sendas, paz. Es árbol de vida para los que de ella echan mano, y felices son los que la abrazan.

Con sabiduría fundó el Señor la tierra, con inteligencia estableció los cielos. Con su conocimiento los abismos fueron divididos y los cielos destilan rocío.

Hijo mío, no se aparten estas cosas de tus ojos, guarda la prudencia y la discreción, y serán vida para tu alma, y adorno para tu cuello. Entonces andarás con seguridad por tu camino, y no tropezará tu pie.

(Versículos seleccionados de Proverbios 3)

Añada a su diario de Proverbios lo que haya aprendido en este capítulo.

Mientras más vivo, es más claro para mí que un hombre necesita el complemento que solo una esposa puede ofrecer

Capítulo 5

Mi error casi fatal

Antes de continuar con nuestro estudio, quiero contarle una historia que explica por qué estuve muy cerca de cometer un error fatal.

Cómo Sabes que ella no es la Indicada

Con gran renuencia, y casi con vergüenza, admito aquí por escrito que hubo un tiempo en mi juventud cuando usaba traje y corbata, y mantenía mi espeso cabello negro peinado hacia atrás como un buen predicador bautista del sur de los años cincuenta y sesenta. Mi excusa es que era joven, y cuando eres joven tiendes a hacer cosas tontas para obtener aceptación.

Fui creado para predicar, enseñar y escribir del evangelio. Desde la primera vez que le predique a un montón de borrachos en la misión *Calvary Rescue* en Memphis, Tennessee, he amado predicar el evangelio. En mi iglesia, el *traje de pingüino* era necesario para predicar; de haber sido requisito hubiera usado una capa de superhéroe con tal de enseñar. Éramos varios jóvenes predicadores en ese entonces; por lo tanto, nos turnábamos para predicar los domingos en la noche. Por supuesto, lo hacíamos en la misión de *Calvary Rescue* o en la misión de *Memphis Union*, siempre al mismo grupo de borrachos. Trataba de hacerlo tan seguido como pudiera, incluso varias veces por semana. Pronto descubrí que los hombres de la escuela naval que pasaban por la calle, mientras yo enseñaba, también eran un campo que debía ser trabajado, así que les compartí el evangelio.

Me encantaba ser invitado por nuevas iglesias para predicar. Además de compartir la Palabra, solía estar muy atento a la presencia de chicas que pudieran representar una opción de noviazgo para mí. Yo era muy apuesto, o al menos eso pensaba, especialmente cuando me ponía un traje, una camisa color ocre y una corbata morada. Esa combinación me gustaba mucho.

Por aquellos días tenía una pequeña *lista de requisitos* que una chica debía cumplir para llamar mi atención: ser bonita (eso era algo en lo que pensaba mucho al ser un hombre joven) y que cantara y tocara el piano (como predicador pensé que eso podría ayudar a mi labor evangelística).

Ahora bien, a pesar de esta *lista* que yo tenía en mi mente, nunca me acerqué demasiado a una joven (sin importar cuán bella fuera) que tuviera un humor cambiante, o si era perezosa o desinteresada por el ministerio. Ya sabía qué rumbo quería tomar en mi vida y para interesarme en una chica ella debía estar encaminada en esa misma dirección. La vida, y la vida de casados en particular, es lo suficientemente difícil para tener que halar a una mujer perezosa y que no quiere involucrarse en el servicio al Señor. No, yo no era tan tonto en mi juventud, incluso en esos días cuando usaba traje y corbata y me afeitaba diariamente.

> Algunas cosas tienen que hacerse bien desde el principio, y el matrimonio es una de ellas.

Cuando era joven, el grupo de muchachos de nuestra iglesia siempre se reunía para cantar, testificar o para realizar algún evento deportivo. Esa era una buena oportunidad que yo aprovechaba para compartir amistosamente con las chicas y prestar atención para saber si alguna de ellas podría ser una candidata para ser mi ayuda idónea. Trataba de aprovechar ese tiempo para conocer su carácter. De esa forma me di cuenta de que la mitad de ellas pasaron rápidamente a la lista del "no". Me llamaban poderosamente la atención las jóvenes que estaban dispuestas a hacer trabajos poco convencionales en la iglesia, pues esto indicaba que eran dadas al servicio y a la generosidad. Eso me impresionaba porque sabía que una jovencita así llevaría esas mismas cualidades admirables al matrimonio.

Si usted piensa que yo estaba siendo demasiado exigente me permito diferir. Tenía determinado que quería el mejor matrimonio posible, así que hice mi tarea. ¿Quería pasar mi vida esperando a una esposa poco trabajadora y que no amara a Dios? No, quería una compañera con quien compartir mi cosmovisión y mis responsabilidades. Deseaba a alguien que me ayudara a hacer lo que yo necesitaba hacer en mi vida y en el ministerio. Así que fui prudente y examiné a las mujeres a mi alrededor; observando, esperando (no mucho) y considerando.

Cuando tenía veinte años, finalmente me fijé en la más virtuosa y atractiva chica de todas las que había conocido. Aunque tenía el cabello un poco corto (algo que nunca me gustó), ella se veía absolutamente bien. Sabía tocar el piano y cantaba muy bien, tenía muchos pretendientes y sobresalía entre la multitud. Habíamos sido educados en la misma iglesia, yo conocía a su familia y ella conocía a la mía. Después de ser amigos por un tiempo y conocer lo que ella pensaba, me convencí de que no podía vivir sin ella.

Decidí tomar cartas en el asunto. Una noche después de la iglesia, con un anillo en mi bolsillo, la llevé a casa en la camioneta familiar; yo estaba lleno de una tremenda anticipación. Un hombre no siente que ha llegado por completo a su destino hasta el día en que finalmente encuentra su otra mitad. Dios mismo dijo en el principio de la creación que *no es bueno que el hombre esté solo*. Mi momento había llegado.

Tomé las pequeñas manos de mi amada entre las mías, miré sus profundos ojos café y sonreí sabiendo que ella estaba esperando, y ya sabía, lo que yo estaba por decir. Entonces, sabiendo la respuesta, le pregunté si quería ser mi esposa; con sus ojos brillando ella aceptó mi proposición. Sin embargo, al día siguiente, mientras contemplábamos nuestro futuro, juntos, ella me dijo que quería que yo le asegurara que siempre iba a ser un predicador bautista sureño. Yo ya me había ordenado y licenciado para ser precisamente eso, y hasta ese momento nunca se me había ocurrido ser algo más, pero su constante insistencia en el tema me hizo dudar, ya que a pesar de que ese era mi deseo, yo no sabía completamente si esa era la voluntad del Señor para mi vida.

Pasaron varios días llenos de serias discusiones; ella trató de retractarse de su solicitud. Otros problemas aparecieron y lo que tomó dos años en formarse se desarmó en pocos días. Ella no era la indicada. Esperé que las cosas cambiaran, pero crecimos en diferentes direcciones. Me tomó más de un año superar lo que había pasado. Obviamente me sentí despreciable, sentí como si nunca nadie hubiera amado más que yo, y me sentí muy lastimado. Cada hombre, y mujer, cree que su desamor es el peor de todos. En esos momentos es difícil pensar con el cerebro y no con las emociones.

Muchos hombres se equivocan justo en este punto. Ellos sienten que algo no está bien pero continúan con la relación; incluso, aunque la terminen, la soledad los trae de vuelta. El tiempo pasa y cada vez es más complicado cortar la cuerda, y luego ellos un día despiertan casados con una mujer con quien no debieron casarse. Algunas cosas tienen que hacerse bien desde el principio, y el matrimonio es una de ellas.

Me alejé decepcionado del amor por lo que había ocurrido, pero, ¿no era eso mejor que convertirme en un hombre insatisfecho en el futuro? Esa fue una decisión sabia, aunque no lo sentí así en ese momento. No me arrepiento de haberlo hecho. La mayoría de los hombres pasan su vida mirando sobre su hombro y preguntándose qué hubiera podido pasar. Usted no debe cometer ese error. Ore al Señor por guía y pídale que no le permita hacer algo de lo cual pueda arrepentirse toda su vida. Yo tuve que esperar un poco, pero Dios me dio una esposa piadosa que ha bendecido cada área de mi vida. De manera que haber terminado con aquella mujer fue lo mejor que pude haber hecho. El resto de mi vida empezó ese día.

La lección que aprendí de todo eso fue: usted no estará completo a menos que tenga una mujer, **PERO** usted necesita que sea la mujer correcta. También aprendí que lo que quiero para mí no siempre es lo que Dios quiere para mí.

Los jóvenes necesitan sabiduría para darse cuenta cómo son las cosas realmente. Muchas veces los hombres son inmaduros y ven a una chica hermosa y piensan que ella sería una buena opción para esposa; sin embargo, ellos pueden olvidar que esa no es la principal característica que se debe buscar en una mujer. Ahora bien, eso no quiere decir que una joven hermosa no pueda ser piadosa, pero los hombres necesitan mirar el carácter mucho más que la apariencia. Es muy importante saber si una chica es creyente genuina o no, además de ver cómo reacciona en las situaciones difíciles, cómo trata a las personas a su alrededor, etc. Muchas mujeres jóvenes pueden ser muy vanidosas y egocéntricas, y con el tiempo eso puede convertirse en un gran inconveniente en la vida matrimonial. Los años, y los ejemplos que he visto a mi alrededor, me permiten decir eso con seguridad. No deje que una cara bonita, un lindo cabello y una hermosa sonrisa le oculten cosas que pueden traerle muchos inconvenientes en el futuro. Si tiene dudas sobre las virtudes que se requieren en una esposa, le recomiendo que lea Proverbios 31 y haga una lista con base en lo que ese pasaje nos enseña.

Pídela a Dios sabiduría… ahora mismo, mientras lee esto.

Como una nota adicional, la lista que tenía escondida en mi cabeza de la *esposa perfecta* voló de mi mente cuando finalmente conocí a mi media naranja. Mi *pequeña dama* no puede cantar ni una pizca, no sabe tocar el piano y es *genial* únicamente al estilo de una chica del campo; pero ella no es de nadie más sino mía y siempre está lista para cualquier desafío sin lloriquear o quejarse. Ella es una mujer amorosa y apasionada, y eso es algo muy importante. La verdad es que con el tiempo me di cuenta de que nunca necesité a una intérprete de piano o a una cantante en mi ministerio. Lo que necesitaba era algo diferente y eso fue lo que obtuve. Hablaré un poco más sobre este tema más adelante.

Posdata: dos años después de que cancelé mi compromiso con la chica de la historia, por la gracia de Dios fui escogido como el pastor de una iglesia bautista independiente, en la cual el Señor me permitió tener un lindo ministerio. Allí fue donde conocí a mi dulce, inteligente y leal chiquita con quien finalmente me casé. De hecho, dulce no es un buen adjetivo para ella, pues es demasiado activa y agresiva como para ser dulce todo el tiempo. La verdad me di cuenta de que me gustaba un limón extra en mi limonada.

TIEMPO DE ESTUDIO

La moraleja de esta historia es triple:

1. Es importante que usted ore habitualmente por SABIDURÍA, como si su vida dependiera de eso "porque en verdad es así". Sin sabiduría yo no hubiera visto las *banderas rojas* cuando aquella chica me hizo esa petición que no estaba dispuesta a negociar.

2. Ore continuamente por VALENTÍA para hacer la voluntad de Dios, sin importar cómo se sienta usted al respecto. Nunca dude en alejarse de una chica si tiene grandes dudas respecto a cómo podría ser la vida matrimonial con ella, independientemente de que eso pueda causarle tristeza y lágrimas. No permita que sus hormonas y apego emocional lo lleven a hacer algo que es contrario a la voluntad de Dios. Por otro lado, si el Señor está obrando en su vida y en la de su novia, pídale a Él que los guíe y les muestre el camino hacia un matrimonio piadoso.

3. Ore pidiéndole a Dios que en Su gracia lo lleve hacia la mujer que será su mejor ayuda idónea. No elabore una lista de cosas superficiales; dele valor a lo que Dios valora.

Preguntas claves:

"¿Cómo puedo discernir cuando las cosas no van por buen camino?".

"¿Tengo que encontrar a una mujer perfecta?".

Recuerde Proverbios 3:5-6: ***Confía en el Señor*** con todo tu corazón, ***y no te apoyes en tu propio entendimiento. Reconócele en todos tus caminos, y Él enderezará tus sendas***. La clave está en cambiar de dirección cuando Dios nos indica por medio de Su Palabra que vamos en la dirección equivocada.

Usted fue creado para vivir como parte
de una unidad compuesta por dos.

Capítulo 6

¿Qué es una ayuda idónea?

Antes de comenzar a hacer una lista de aquellas cosas que debemos buscar en una *ayuda idónea*, es necesario revisar con más detalle el significado de esa expresión. Alguien en este momento podría decir: "¿*Ayuda idónea*? Eso suena como algo arcaico y religioso, no sé si eso es lo que estoy buscando, deme una expresión más moderna por favor". Sin embargo, en este capítulo veremos por qué ese es el término apropiado.

Cuando Adán comenzó a nombrar a los animales, las Escrituras nos dicen que para él '"no se halló ayuda idónea" (Génesis 2:20), lo cual implica que él sintió esa necesidad y probablemente estaba buscando a su homóloga. De ahí el título de este libro, *En Busca de una Ayuda Idónea*. Vemos entonces que podemos definir la expresión *ayuda idónea* al ver que Adán necesitaba alguien que lo ayudara de una forma particular; es decir, una ayuda especialmente compatible y apropiada para sus necesidades.

Debemos tener en cuenta que la expresión *ayuda idónea* está formada por dos palabras. Es necesario entonces que miremos los dos términos separadamente y luego en conjunto. *Ayuda* viene del verbo ayudar, e *idónea* significa algo que se ajusta de forma adecuada y apropiada. Así como una actualización se ajusta perfectamente al programa para el cual fue diseñada, podríamos decir que Adán era el *programa* y Eva era la *actualización*. La actualización no es de ayuda sin el programa, y el programa está incompleto sin la actualización. Esta no es una analogía perfecta pero es un ejemplo que nos puede servir para entender la relación entre el hombre y la mujer.

Usted fue creado para vivir como parte de una unidad compuesta por dos. Cuando Dios creó a los seres humanos a su semejanza los creó "varón y hembra" (Génesis 1:27). Dios los nombró a ambos *Adán* (Génesis 5:2); el *señor* y la *señora* Adán. Hasta que usted no encuentre a su prometida no estará completo. Ahora bien, eso no quiere decir que todas las personas deben casarse. Dios les da el don de continencia a algunos hombres y mujeres; sin embargo, para aquellos que el Señor desea que vivan en matrimonio, esta verdad aplica.

Antes de casarme siempre me sentí incompleto, como si la vida estuviera en frente de mí esperando para empezar. En un sentido social y emocional, el matrimonio fue el comienzo de mi vida.

Aunque cada mitad del *lienzo* de Dios al crear al ser humano (el hombre y la mujer) está separada y es capaz de funcionar independientemente, lo cierto es que cada parte tiene una necesidad de la otra al saber que esta lo complementa de una forma única. Es semejante a dos olores diferentes, cada uno tiene sus características únicas pero al mezclarse crean una nueva fragancia, mucho más excelente que las originales. Adán no podía alcanzar su potencial completo hasta estar unido a su compañera, como los dedos y el pulgar. Así como el cuerpo de Adán era incapaz de reproducir su propia especie por sí mismo, su espíritu era incapaz de expresar por completo su humanidad. Eva lo completó. Es importante encontrar a nuestra Eva.

> "Si usted no está enfocado en convertirla en su mejor amiga, entonces no castigue a una mujer casándose con ella y luego confinándola a una vida de soledad."

Existe un malentendido general entre hombres y mujeres en cuanto a la naturaleza de lo que es una ayuda idónea. Eva no fue creada solo para cargar un peso extra por el camino, o para incrementar la velocidad en el proceso de recolección de leña, o para secar los higos que Adán traía, por más útiles que estas actividades fueran. Dos hombres pueden hacer estas labores físicas, e incluso con más eficiencia. Una esposa está destinada a ser mucho más que una asistente en el negocio de la vida; ella no es el regalo de bodas de parte de Dios, o una criada para toda la vida, o una mano extra en la granja o en los negocios. Eva fue creada para ser la ayuda del alma de Adán, para completar su personalidad y su ser interior.

Qué Buscar en una Ayuda Idónea

Usted necesita una ayuda idónea no solo para sentir satisfacción física. Es probable que tenga que pasar cierto tiempo casado para descubrir cómo esa bella dama puede llenar necesidades que usted todavía no sabe que tiene. De manera que es importante examinar algunas de las cualidades que usted debe esperar en su futura compañera.

Cásese con su Mejor Amiga

Es posible que usted no esté al tanto de esto, pero con el tiempo descubrirá que necesita que su esposa sea su mejor amiga. Alguien será su mejor amigo, y su esposa no estará feliz a menos que ella sea esa persona especial con la que usted disfruta pasar el tiempo. Cuando su esposa tenga una necesidad asegúrese de satisfacerla; si usted se interesa en ella, se interesará por las cosas que a ella le interesan. A ella le interesa mucho ser su amiga; está en su naturaleza sentir eso. En Cantares 5:16 leemos que la esposa se refiere a su relación con su esposo de la siguiente forma: "Este es mi amado y éste es mi amigo, hijas de

> Sin una relación de verdadera amistad, el sexo no es una expresión de amor.

Jerusalén" (LBLA). Cuando su amada no es su amiga, usted hace que ella se sienta como una ama de casa siendo usada; una mantenida.

Las Mujeres Ocupadas son Equilibradas

La jovencita con la que usted se case tiene, obviamente, su propia vida organizada antes de conocerlo a usted. Ella tiene amigas cercanas en quien confiar, tiene personas que se interesan por lo que ella piensa y que están dispuestas a pasar un buen tiempo escuchándola hablar sobre aquellas cosas que son importantes para ella. También tiene una amiga especial con quien comparte sus cosas más personales. Ella no ha vivido una vida aislada; no ha estado en casa sola todo el día, es una persona que tiene vida social. Cuando usted se case con esa mujer, es muy probable que ella ya no podrá compartir tanto tiempo con sus familiares y amigos; por lo tanto, usted tendrá la responsabilidad de satisfacer todas esas necesidades, especialmente la de convertirse en su mejor amigo.

Su esposa necesitará un mejor amigo para que escuche sus charlas (las cuales usted algunas veces considerará aburridas) y comparta con ella las cosas que le importan. Durante el cortejo, un joven puede pasar horas mirando intensamente los ojos de su amada mientras ella habla de cualquier cosa, pero después del matrimonio el hombre suele desarrollar una actitud que dice: "¿puedes estar callada hasta que te necesite de nuevo?". Esta actitud puede herir profundamente a su esposa, y se puede convertir en una semilla que produzca maleza y sofoque el matrimonio llevándolo a perder la cosecha.

> "La mujer fue creada para ser la ayuda del alma de Adán, para completar su personalidad y su ser interior."

Ella necesitará un mejor amigo a quien pueda confiar sus temores y dudas. Usted debe ser ese mejor amigo, de lo contrario será un terrible esposo. No puede esperar a que ella se aísle emocionalmente.

Si usted no está enfocado en convertirla en su mejor amiga, entonces no castigue a una mujer casándose con ella y luego confinándola a una vida de soledad.

Hace poco leí la página de Facebook de una chica de 35 años que estaba cerca a casarse. Ella publicó lo siguiente: "A todos mis amigos del club de libros, a todos mis amigos de la clase de ejercicio, a todos mis amigos de la iglesia, a todos aquellos que leen mis blogs y a los chicos y chicas de la clase de música: adiós".

Conociendo a esta muchacha, puedo verla sonreír mientras pronunciaba su despedida al dejar atrás cosas de su niñez para convertirse en la mujer de sus sueños: una amorosa y servicial esposa. Su sentimiento de dejar algo atrás fue algo así como cuando un adolescente siente la pérdida de su bicicleta para manejar su primer auto; ella estaba siguiendo adelante sin mirar atrás. Esta mujer no se moverá hacia un vacío, ella simplemente está cambiado las cosas que la rodean. De manera que usted es debe hacerse responsable por ella y tratarla como merece; ella no es una empleada doméstica que debe estar sentada todo el día esperando a que usted llegue a casa para servirle la comida y tener sexo.

Una Amiga en Verdad

Algunos esposos valoran tanto su libertad que solo desean compartir tiempo con su esposa cuando requieren algo de ella. Queriendo evitar cualquier demanda emocional, ellos alientan a su esposa a buscar a alguien con quien compartir sus cosas: su mejor amiga, su hermana o su mamá. Esto hace que la relación de pareja no sea buena, y cuando el esposo quiere reaccionar se da cuenta de que ella prefiere la compañía de sus familiares y amigos más que la de él. Para las mujeres (incluso desde el inicio del matrimonio) la amistad es muy importante para que el amor crezca; cualquier manifestación física que no esté basada en una buena relación personal no será satisfactoria para ellas. Una amistad cercana con su esposo es indispensable para que una mujer pueda sentirse satisfecha durante el sexo, y cuando un esposo no hace de su cónyuge su mejor amiga, es posible que ella no muestre interés alguno en las relaciones sexuales. La mayoría de hombres jóvenes fallan en hacer que su esposa sea su mejor amiga, desperdiciando así la gran oportunidad que tienen de hacerlo cuando recién comienza la vida matrimonial. Ambos, tanto la esposa como el esposo, necesitan encontrar su mejor amigo en el otro. Éste es uno de los principales fundamentos de un buen matrimonio.

Los hombres asumen que el deseo sexual que los lleva a momentos de intimidad motivará de igual manera a su esposa, haciendo que ella olvide todos sus sentimientos negativos y pueda tener relaciones con él, pero los hombres y las mujeres no fueron creados de la misma forma. Las mujeres necesitan ternura y buena voluntad emocional para intimar sexualmente. Un hombre puede separar el acto sexual de la comunión con su cónyuge, pero la mayoría de mujeres no pueden; ellas son delicadas flores que deben ser cuidadas como tal. No cometa el error de casarse con una chica porque ella le atrae físicamente. Si ella no es una buena amiga antes del matrimonio, es probable que tampoco lo sea después.

> " Necesitaba que mi esposa fuera mi mejor amiga. "

Personal

Yo tenía 25 años, casi 26, cuando me casé con Deb. La había conocido muy bien durante cuatro años, aunque no como mi novia. Me convertí en el pastor de la iglesia donde ella asistía a la edad de 22 años; para ese tiempo ella tenía 17 y aún estaba en el colegio. Yo había considerado a algunas chicas de la congregación como posibles opciones de noviazgo, pero Deb no llamó mi atención como prospecto de esposa. Ella era solo una niña inmadura que todavía no era 'cool'.

Toda la iglesia era muy activa en el evangelismo, y yo siempre andaba con una camioneta llena de niños llevándolos de aquí para allá y repartiendo tratados a los perdidos. Cuando era el momento de compartir el evangelio, Deb era la líder del grupo, así que yo dependía de ella para organizar a los adolescentes y planear eventos.

De vez en cuando yo llevaba a las actividades evangelísticas a una chica de mi universidad o de otra iglesia, así que había momentos donde yo compartía con ellas y Deb estaba sentada muy cerca de nosotros. Yo no sabía (no tenía idea) que Deb se había fijado en mí y que soñaba con que algún día nos casaríamos.

> "Cuando dos olores que se perciben por separado se mezclan, éstos pueden crear una nueva fragancia mucho mejor que las originales."

Escuchen muchachos, este es un error que ustedes no querrán cometer. Tuve que escuchar por 25 años, después de casados, que ella conocía a todas mis amigas por su nombre. Aunque yo me olvidara de algunas, ella no. Diez años después ella me recordaba quiénes eran ellas y yo ni siquiera sabía de quién me estaba hablando. ***Porque fuerte es como la muerte el amor; duros como el Seol los celos; sus brasas, brasas de fuego, fuerte llama*** (Cantares 8:6). Sé que eso es cierto por experiencia personal.

Como pastor, de vez en cuando tenía que ir de visita a una casa, pero yo siempre me aseguraba de que hubiera un hombre presente, para evitar la tentación y para proteger el honor de todos los involucrados. Nunca estuve ni siquiera al frente de una casa para hacer una visita hasta saber que había algún hombre allí. Con el tiempo, Deb comenzó a acompañarme cuando daba consejería a las chicas de la congregación. De esa forma nos convertimos en muy buenos compañeros y amigos, ya que compartíamos los mismos intereses y la misma pasión de ganar almas para Cristo. Sin embargo, aún no la veía como un prospecto de esposa; ella era solamente una niña grande que me caía muy bien y en quien confiaba mucho. ¡Vaya que era un tonto! Luego, un domingo en la tarde, justo después de la iglesia, recibí un golpe que no había visto venir.

Ella era <u>mi</u> Amiga

Los padres de Deb habían estado sirviendo a familias enteras mucho antes de que yo los conociera y fuera pastor de la iglesia. Vivir a ocho kilómetros de la Estación Aérea de Millington, donde más de 40.000 chicos estaban preparándose para partir a Vietnam, les permitía a ellos recibir alrededor de 20 chicos los domingos para darles algo de cenar. Muchos de ellos habían creído en el Señor Jesús y estaban comenzando a crecer como hombres de Dios. Yo pensaba que Deb se casaría con alguno de esos chicos y pronto no la volveríamos a ver.

En uno de esos domingos, entré a la casa de los padres de Deb (la cual estaba llena de personas) y todos estaban esperando al Señor Smith, famoso por su carne asada. De repente aparecieron frente a mi Deb y Randy, o al menos creo que ese era el nombre de aquel muchacho. Randy había estado en la estación militar por más de un año y se había convertido en una parte vital en el ministerio, llevando a otros chicos a Cristo. Él era bien parecido, inteligente y muy respetable. Juntos habíamos trabajado de cerca, incluso yendo juntos en un largo viaje en kayak a lo largo del río Mississippi. Deb estaba pegada de su brazo cuando se acercaron a mí y me anunciaron alegremente que se iban a casar.

¿Por qué no? Ella tenía 20 años y él era un hombre piadoso que sin duda sería un gran esposo. Debí haber estado feliz por ellos, pero en lugar de eso sentí que se hizo un nudo en mi garganta. No reconocía mi inesperada reacción, simplemente me parecía que no podía ser verdad; ella era **mi** amiga, se suponía que iba a estar ahí siempre. Sentí el vacío de no tenerla en mi vida. Además, en ese momento no había una chica en particular a la que yo estuviera cortejando, ¿por qué me sentía así entonces? Pues bien, simplemente estaba sintiendo la pérdida de una amiga muy querida.

Hablé como un tartamudo y dije algo como: "Nooo, están bromeando". Varios de los que estaban alrededor se acercaron para felicitarlos por el anuncio. Creo que esos días todos vieron lo que yo nunca había considerado: estaba enamorado de mi mejor amiga. La necesitaba, no podía vivir sin ella. Justo cuando pensaba en sacudirlos y decirles que estaban cometiendo un error, todo el mundo comenzó a reírse. Todo fue una broma para mí, el joven pastor de la iglesia. Sentí un alivio asombroso y rápidamente me retiré, esperando que mis sentimientos no estuvieran alumbrando como un semáforo en rojo. Me gustaba nuestra relación como mejores amigos, pero nunca había pensado en ella como una esposa porque me parecía muy joven e inmadura. Sin embargo, en ese momento comencé a verla con una luz completamente diferente.

Muchos años antes de eso, había una anciana de la iglesia que solía decirme a menudo: "No dejes que el bosque te impida ver los árboles". Ella tenía razón. No obstante, pasaron varios meses para que yo admitiera todo lo que había sentido aquel domingo en la tarde. Necesitaba que mi mejor amiga fuera mi esposa. Esa fue la decisión más sabia que jamás había tomado. El asunto era que yo tenía que madurar y tener sabiduría y entendimiento para ver que ella era la mejor mujer que Dios tenía para mí.

El Matrimonio es un Regalo de Dios

Estar unido con una mujer en el vínculo matrimonial es una inmensa realización para un hombre y es un regalo de Dios en el que podemos experimentar la gracia del Señor de una forma especial y única. Incluso, el matrimonio es tan especial que es un símbolo del amor del Señor Jesús por la iglesia; Él es el esposo y nosotros, los creyentes, somos la esposa. Hay un libro entero en la Biblia, Cantar de los Cantares, que habla sobre ese tema.

> El matrimonio es tan especial que es un símbolo del amor del Señor Jesús por la iglesia.

Joven, usted que está sentado en el umbral de este glorioso tiempo en su vida, lo saludo. El matrimonio es mucho más de lo que usted se imagina. De manera que si usted está buscando su ayuda idónea, debe orar mucho y pedirle al Señor la guía para que no escoja una persona equivocada. No olvide que una mujer que no teme al Señor puede traer mucha tristeza a su vida y graves inconvenientes a la construcción de una familia piadosa. ¡Anímese en su búsqueda! No permita que el temor le robe el regalo más precioso que Dios tiene para usted en esta vida. Vaya por el *oro*; encuentre su ayuda idónea y ámela con todo su corazón. Aquí hay algunos pensamientos que lo guiarán en su búsqueda.

TIEMPO DE ESTUDIO

Busque una chica:
- Que tenga un corazón rebosante de alegría y agradecimiento.
- Que tenga una buena relación con su papá.
- Que sea querida por sus hermanos.
- Que no sea perezosa o que tenga propósito.
- Que sea amorosa con los niños.
- Que sea alegre. Ya dije esto pero vale la pena repetirlo.

Deje que una chica con las siguientes características siga de largo:
- Una chica que sea malhumorada o que tenga humor cambiante.
- Una chica que critica todo a su alrededor.
- Una chica que habla mal de su papá. Hará lo mismo de usted.

Ambos, "esposa y esposo" necesitan encontrar su mejor amigo en el otro. Éste es uno de los principales fundamentos de un buen matrimonio.

Las Tres Imágenes del Hombre

Entonces dijo Dios: Hagamos al hombre a nuestra imagen, conforme a nuestra semejanza.

(Génesis 1:26)

Capítulo 7

Conozca su imagen

Conocer su tipo de imagen (aquellos rasgos únicos de su naturaleza humana) aclarará de manera sorprendente algunas áreas confusas de su vida y le ayudará a entender qué tipo de chica puede ser su ayuda idónea.

Creado a Su Imagen

Al principio de las Escrituras, el Señor nos dice que Él creó al hombre a su imagen: "Entonces dijo Dios: Hagamos al hombre a nuestra imagen, conforme a nuestra semejanza" (Génesis 1:26). Eso no ha cambiado (a pesar de que la caída en el pecado dejó una inmensa cicatriz en nuestro rostro) y aún tenemos la imagen de Dios en nosotros. Pero, ¿qué significa *imagen*? Pues bien, esto no hace referencia a una imagen física porque Dios es Espíritu (Juan 4:24). *Imagen* entonces está relacionada con la capacidad única que tiene el hombre, a diferencia de todas las otras cosas creadas, de reflejar a Dios al razonar, pensar y ejercer dominio. En este sentido hemos sido hechos a la imagen y semejanza de Dios.

A pesar de que todos los hombres son diferentes (en personalidad, gustos, aptitudes y deseos), todos poseen la capacidad de razonar, pensar y ejercer dominio. Ahora bien, aunque todos somos distintos, podemos ver ciertos patrones que nos ayudan a crear tres categorías en las cuales todos los hombres encajamos: *Rey*, *Sacerdote* y *Profeta*. Pienso que de alguna manera podemos ver ciertos aspectos de la Trinidad en esto; incluso, es posible que esta verdad se encuentre implícita en Génesis 1:26: "*Hagamos* al hombre a nuestra imagen". Dios es tres personas en un solo ser.

El Padre es Dios; el Rey del universo. Jesús también es Dios; el Salvador, el Sumo Sacerdote. El Espíritu Santo también es Dios; Él quebranta y convence de pecado, justicia y juicio. Por lo tanto, tenemos tres distintas personas en Dios y podríamos afirmar que tres diferentes *imágenes*: Rey, Sacerdote y Profeta. Dios Padre es Rey, Dios Hijo es Sacerdote y Dios Espíritu Santo es Profeta.

Pienso que podemos ver estas tres características de Dios manifestadas en los hombres. Por ejemplo, algunos de nosotros somos más como el Padre, en el sentido de mando y reinado; otros somos más como el Hijo, en su naturaleza sacerdotal y estable; y otros somos más como el Espíritu Santo, en su naturaleza profética y visionaria.

Ahora bien, debido a nuestra naturaleza caída no podemos decir que expresamos de una forma completa estas características, de manera que podemos dar un título similar a cada una de ellas para expresar cada *imagen*. Por ejemplo, parece más apropiado llamar a los hombres que tienen la *imagen* de Rey como **dominantes**, tanto para bien como para mal (los Hitlers y los Churchills son dominantes por naturaleza). Igualmente, hay pocos hombres que en su estado caído encajarían con la imagen de *Profeta*, pero aquellos de este tipo, sin importar que tan impíos puedan ser, son **visionarios** por naturaleza (tanto para bien como para mal). De la misma forma ocurre con aquellos que se asemejan más a la imagen sacerdotal de Cristo. A estos hombres podemos llamarlos **estables**; ellos son compasivos y sensibles y se identifican con las heridas y los dolores de los demás. De esta manera, podemos poner a cada hombre (no de una forma exacta pero sí aproximándonos mucho) en esas tres categorías: **dominante** (Rey), **visionario** (profeta) y **estable** (sacerdote). Esto funciona para lo bueno, para lo malo y para lo feo. La naturaleza de alguien para el bien tiene el mismo potencial para el mal. Es necesario entonces conocer nuestra naturaleza, con sus fortalezas y debilidades, para que aprendamos a relacionarnos con nuestra esposa (o futura esposa) de una forma productiva y no destructiva.

¿Cómo puede usted determinar a qué tipo de imagen se parece más? Muchos jóvenes manifiestan su *imagen* con mucha naturalidad, y en algunos casos desde muy temprana edad. Una madre puede demostrar esto al decir: "¡Mi hijo tiene un carácter tan fuerte que incluso me dice a mí qué hacer! ¿Cómo puedo tratar con él?". Ella acaba de revelar que su hijo es *dominante*. Otra madre podría decir de su hijo: "Bueno, por lo menos tu hijo no desarma los relojes tratando de ver por qué hacen ese *tic tac*, ni inserta un alfiler en el enchufe". Aquí hay un **visionario** trabajando. Más adelante, cuando haya crecido, seguramente será un hombre muy creativo.

Otra mamá podría decir: "Ustedes, señoras, deberían ver a mi pequeño Johnny; él nunca me manda ni destroza las cosas de la casa". Es evidente que este niño tiene las características de un hombre estable, esperando por una oportunidad para expresar su compasión y misericordia cuando crezca.

Es probable que muchos de ustedes se estén preguntando si perdieron su *imagen* a medida que fueron creciendo. Permítanme decirles que no lo han hecho. Así como el hombre aprende a leer, así aprende a reflejar otras *imágenes*. Por ejemplo, un niño visionario que tenga un padre estable y amable, aprenderá de su papá a ser equilibrado. Si el niño pasa algún tiempo con su abuelo dominante, tomará cualidades de

> ¿Cómo podemos determinar a qué tipo de imagen nos parecemos más?

> Así como el hombre aprende a leer, así aprende a reflejar otras imágenes.

liderazgo. Es posible que él sea tan equilibrado que va a ser difícil *etiquetarlo*. Por otro lado, un hijo gentil y tranquilo desarrollará liderazgo si pasa mucho tiempo con su padre dominante. También es posible que a un joven le guste liderar, pero vacila al momento de hacerlo si su padre es un hombre tranquilo y estable.

Es muy normal que un niño imite a su papá. Los pequeños que tienen buenas relaciones con sus padres y abuelos serán más equilibrados, a menos de que todos los hombres a su alrededor tengan la misma *imagen* que él.

Con el paso de los años he llegado a entender que la mayoría de los hombres tienen dos tipos de *imagen*, aunque siempre existe una predominante. Es posible que un hombre dominante también tenga algo de visionario. También existen hombres estables con rasgos de hombre dominante. Siempre encontramos diferentes combinaciones de las tres *imágenes*.

Pero, ¿qué relevancia tiene esto es nuestras vidas? Pues bien, cuando tenemos una idea de nuestra *imagen* nos damos cuenta de nuestras fortalezas y debilidades; por lo tanto, podemos ser precavidos con las fortalezas y trabajar en las debilidades. Cuando un hombre estable conoce su *imagen,* entenderá por qué le gustan las mujeres emprendedoras, mientras que el *Señor dominante* pensará que ellas son mandonas.

A medida que usted continúe leyendo este libro, descubrirá su imagen y notará hacia qué tipo de mujer se siente atraído. De esa forma podrá escoger una esposa con más sabiduría. Si aún le cuesta comprender qué tipo de *imagen* tiene, preste atención a la forma en que reacciona ante lo que lo rodea. De esa manera podrá darse cuenta. Ahora vamos a estudiar estas tres imágenes en las cuales somos creados.

Si nombramos los tres tipos de hombre de acuerdo a lo explicado, el resultado es:

1. Profeta/Visionario
2. Sacerdote/Estable
3. Rey/Dominante

Las Tres Imágenes del Hombre

¿Y qué Sobre las Chicas?

Adán fue formado del polvo de la tierra; Dios sopló aliento de vida en él. Adán tenía a toda la raza humana en sus lomos, hombres y mujeres, pero era necesaria la presencia de Eva para que pudieran procrear. El Señor creó a la primera mujer del costado de Adán, de una de sus costillas para ser más exacto. Ella fue lo que Adán dijo sabiamente: "…**esto es ahora hueso de mis huesos y carne de mi carne; ésta será llamada Varona, porque del varón fue tomada**" (Génesis 2:23). De manera que la mujer, quien también fue creada a la imagen de Dios (Génesis 1:27), ha tenido desde el principio una relación de mucha cercanía con su esposo. Ella es su ayuda idónea y su complemento.

Así como podemos clasificar a los hombres en tres grupos, o tipos, también podemos hacer lo mismo con las mujeres. Ellas corresponden a las tres *imágenes* de Profeta, Sacerdote y Rey de una forma particular: *Soñadoras* (Visionario/Profeta), *Serviciales* (Estable/Sacerdote) y *Emprendedoras* (Dominante/Rey).

Las Tres Imágenes de la Mujer

Aunque una mujer piadosa sea moldeable, existirá menos conflicto, y se requerirán menos ajustes, si un hombre se casa con una dama de una *imagen* diferente a la que él tiene. Un esposo dominante/rey casado con una chica emprendedora/reina, probablemente tendrán algunos enfrentamientos catastróficos. Si un hombre estable/sacerdote se casa con una chica servicial /sacerdote, es posible que carezcan de la fortaleza necesaria para criar hijos e hijas de imagen dominante/rey. Cuando una soñadora se casa con un hombre visionario, tal vez tendrán dificultades para mantener los pies en la tierra. Aunque a veces dos visionarios pueden hacer una pareja extraordinaria, golpeteando como un motor de dos pistones y alcanzando grandes cosas juntos, es posible que también terminen en un cuadrilátero peleando por hacer prevalecer sus ideas sobre las del otro. Más adelante en esta sección daré algunos ejemplos de las situaciones, buenas y malas, que surgen cuando dos personas del mismo tipo de imagen se casan.

Tal vez usted se esté preguntado: "¿cómo puedo saber cuál debe ser el tipo de *imagen* de mi futura esposa? ¿Es mejor que sea soñadora, servicial o emprendedora? Pues bien, las cosas no son tan complicadas como suenan. A un chico dominante/rey casi nunca le gustan las chicas emprendedora/reina, ya que estará atraído más por las jóvenes de corazón gentil y caracterizadas por el servicio; los hombres estable/sacerdote ven a las chicas emprendedoras como tiernas y les llama la atención su disposición a trabajar; los hombres visionarios son generalmente atraídos por chicas estables en lugar de chicas soñadoras, etc. A las chicas soñadoras les gustan los hombres estables o los hombres dominantes para cuidar de ellos. La gente naturalmente es atraída por aquello que los complementa.

Si usted es sabio y se percata de esto antes de casarse, es probable que se ahorre muchos problemas en el matrimonio. Pero si usted escoge a una joven por su belleza física, olvidando lo que ella es como persona, está tomando una pésima decisión.

También existe la posibilidad de tomar una mala decisión cuando usted permite que alguien escoja por usted. Si su padre es un hombre dominante le gustarán las chicas estables y leales, pero si usted es un chico estable le gustarán las mujeres emprendedoras porque es posible que encuentre en ella el impulso del cual usted carece. Tal vez su padre crea que ella tiene un temperamento muy fuerte, pero es muy probable que eso es lo que usted necesita.

Pídale a Dios sabiduría para escoger bien y no cometer un error que pueda generarle muchos problemas en su vida matrimonial.

♥♥♥

"¿Cómo puedo saber cuál es el tipo de imagen de mi futura esposa? ¿Es mejor que sea soñadora, servicial o emprendedora?

Saber qué tipo de hombre es usted lo ayudará a tomar decisiones más sabias en su vida, y en su futuro matrimonio.

TIEMPO DE ESTUDIO

Usted es lo que come, lo que piensa y lo que hace. La manera en como usted gasta sus días, sus horas y sus minutos es parte fundamental de quién es como persona. Las cosas con las que llena su mente muestra quién es usted. Ser un hombre de 100 kilos que no puede levantarse de una silla o un hombre en buena forma física que es buen mayordomo del cuerpo que Dios le ha dado, depende de lo que usted coma y de lo que haga. Lo que usted es determinará cómo será su vida y su familia.

Haga un diagrama de este pasaje como si fuera a hacer una lectura pública del mismo.

Eclesiastés 3:1-15

Todo tiene su tiempo, y todo lo que se quiere debajo del cielo tiene su hora. Tiempo de nacer, y tiempo de morir; tiempo de plantar, y tiempo de arrancar lo plantado.

Tiempo de matar, y tiempo de curar; tiempo de destruir, y tiempo de edificar; tiempo de llorar, y tiempo de reír; tiempo de endechar, y tiempo de bailar.

Tiempo de esparcir piedras, y tiempo de juntar piedras; tiempo de abrazar, y tiempo de abstenerse de abrazar;

Tiempo de buscar, y tiempo de perder; tiempo de guardar, y tiempo de desechar; tiempo de romper, y tiempo de coser; tiempo de callar, y tiempo de hablar.

Tiempo de amar, y tiempo de aborrecer; tiempo de guerra, y tiempo de paz.

¿Qué provecho tiene el que trabaja, de aquello en que se afana? Yo he visto el trabajo que Dios ha dado a los hijos de los hombres para que se ocupen en él.

Todo lo hizo hermoso en su tiempo; y ha puesto eternidad en el corazón de ellos, sin que alcance el hombre a entender la obra que ha hecho Dios desde el principio hasta el fin.

Yo he conocido que no hay para ellos cosa mejor que alegrarse, y hacer bien en su vida; y también que es don de Dios que todo hombre coma y beba, y goce el bien de toda su labor.

He entendido que todo lo que Dios hace será perpetuo; sobre aquello no se añadirá, ni de ello se disminuirá; y lo hace Dios, para que delante de él teman los hombres.

Aquello que fue, ya es; y lo que ha de ser, fue ya; y Dios restaura lo que pasó.

**No es fácil ser un hombre
piadoso, un esposo amoroso
y un padre leal; por lo tanto,
ore por sabiduría.**

Las Tres Imágenes del Hombre

El hombre profeta o visionario es "la voz de aquel que clama en el desierto"

Capítulo 8

Profeta / Visionario

El Espíritu Santo nos demuestra que Dios es un profeta (el profeta por excelencia por supuesto). Algunos hombres fueron creados a esta imagen. ¿Es usted un transformador y soñador? Todas las personas están preocupadas por la dirección que está tomando este mundo, pero el visionario está comprometido en tratar de persuadir a la gente y a cambiar las cosas (mientras que el hombre estable solo se queja). ¿Lo han desafiado sus padres a que use su tiempo y energía en otras cosas en vez de estar enfocado en temas polémicos?

El profeta o visionario es "la voz de aquel que llora en el desierto", es quien se esfuerza por cambiar el modo en que se hacen las cosas, o aquel que trata de cambiar la manera de pensar y actuar de la humanidad. Los hombres profetas/visionarios son predicadores, activistas en política, organizadores e instigadores de primera línea en cualquier problemática social. Aman la confrontación y odian el *statu quo*. La vida podría ser tranquila, hasta el punto del aburrimiento, sin los hombres visionarios y las chicas soñadoras. La mayoría de visionarios son consumidos por la necesidad de comunicarse con palabras, música, escritura, arte o acciones. Piense en los músicos dedicados que usted conoce, la mayoría de ellos son profetas/visionarios. El visionario siempre tiene una buena causa por la cual luchar y sus preocupaciones son las más importantes, o por lo menos eso piensa él. Si usted es 100% este tipo de hombre puede estar tranquilo al saber que usted no es aburrido. Amará con pasión y será excesivamente leal y compasivo.

Dos Fuentes de Equilibrio

La mayoría de sus problemas como visionario (al igual que para los hombres estables y los dominantes) serán causados por su falta de equilibrio. El equilibrio proviene de dos fuentes, la primera se encuentra en los buenos ejemplos masculinos que estén a su alrededor, y la segunda en la humildad que usted tenga para escuchar consejos y aprender de sus errores. Si un hombre tuvo un buen ejemplo cuando era un niño y estuvo junto a un padre piadoso que sabía cómo andar delante de Dios, es muy probable que aprenda del ejemplo de su papá (o su abuelo o un hermano).

El proceso de aprender a ser equilibrado nunca termina. Cuando usted esté casado debe estar dispuesto a escuchar a su esposa y cambiar lo que sea necesario en caso que usted esté muy reclinado hacia su lado visionario. Creo que si usted es visionario le sentaría muy bien casarse con una mujer emprendedora que tenga algo de servicial. Ella necesita estar dispuesta a servirle pero también necesita tener la fortaleza para ayudarle en sus proyectos cuando usted se sienta perdido en medio de ellos.

> No vaya en búsqueda de una esposa hasta que tenga un trabajo o tenga un negocio rentable con el cual le pueda proveer.

¿Cómo se puede reconocer la mezcla soñadora/emprendedora en una mujer? Es fácil encontrar una soñadora por la manera poco común de vestirse, o a una chica sacerdote/servicial por el amor y agrado con el que sirve a sus semejantes, o a una mujer dominante/emprendedora porque se hace cargo cuando la oportunidad surge. Pero encontrar una mujer soñadora/

emprendedora no es tan fácil; de manera que le recomiendo que busque a una chica que muestre fortaleza pero que también sepa cómo servir. Una manera de tener *pistas* acerca del carácter de una mujer es observar las actitudes de su madre. Ver la forma en que ella reacciona ante ciertas situaciones del hogar y la manera en que se relaciona con su esposo, puede ser clave para saber si la joven que ha llamado su atención ha tenido el ejemplo de una mujer soñadora/emprendedora y, por ende, ha aprendido dichas actitudes desde temprana edad.

Si usted piensa que es un hombre visionario, entonces necesita buscar una mujer que tenga los pies firmemente establecidos en la tierra para que pueda confiar en que ella le traerá devuelta a la realidad cuando usted se concentré demasiado en alcanzar su visión. Necesita una mujer tranquila, que no se complique con facilidad, ya que la falta de equilibrio de un visionario puede desesperar a aquellos que lo rodean. Si usted tiene a su lado una mujer que puede ver ambos lados de la moneda y usted le comparte lo que piensa, ella le ayudará a mantener y a desarrollar equilibrio. Después de todo, cuando usted cree que su manera de hacer las cosas es la única forma correcta, estará destinado a tener problemas.

Lo Merezco

La falta de equilibrio puede hacerlo sentir como si alguien le debiera algo cuando eso no es cierto. También puede llevarlo a enfocarse en una o dos ideas raras y, en el proceso, trastornar a la familia entera. Tal vez usted conozca a un hombre con problemas de equilibrio en esta área; él puede insistir en asuntos periféricos como, por ejemplo, que la Navidad es una fiesta pagana (lo cual puede ser cierto), pero, ¿vale la pena pelear por eso?

Los problemas en los que se enfocan los visionarios pueden ser serios y dignos de atención pero no de obsesión. En diversos grados estos hombres pueden tener una *visión de túnel*, enfocándose de forma extrema en cuestiones individuales. A largo plazo, muchos visionarios desequilibrados causan sufrimiento a sus familias innecesariamente.

Si usted es ese tipo de hombre, comience a orar por sabiduría y luego busque a hombres piadosos que puedan darle consejo. Escúchelos, incluso aunque al inicio le parezca que ellos son conformistas y poco arriesgados. Usted necesita encontrar equilibrio. No es fácil ser un hombre piadoso, un padre amoroso y un padre leal, así que ore por sabiduría. El conocimiento sobre cómo manejar su *imagen* le ayudará a tomar decisiones sabiamente.

Los hombres visionarios son por lo general o muy ricos o muy pobres. Suelen ser muy buenos empleados, aunque les va mejor trabajando para ellos mismos. Por supuesto, hay algunos visionarios que encuentran un nicho en una empresa donde pueden trabajar largas horas, creando, expandiendo y resolviendo problemas. Cuando esto pasa, ellos son empleados muy valiosos. La línea de ensamblaje no es para los visionarios; las mismas viejas rutinas los fastidian y los aburren. Él probablemente estará ocupado tratando de cambiar el detector de humo de la fábrica para que sea más eficiente.

Un visionario nacido hace 150 años sin duda ser esforzó por ser un pionero, un explorador o un inventor. Pienso que los primeros hombres que fueron a las montañas a buscar oro también eran visionarios. Ellos no son monótonos. Un visionario no podría ser un tendero ganando un ingreso semanal modesto, esa tarea sería demasiado *doméstica* para la sangre salvaje que corre por las venas de la mayoría de los visionarios. Probablemente un visionario trabajaría en una tienda si estuviera buscando un poco de equilibrio y si estuviera tratando de empezar ¡una cadena de tiendas! En ese caso, él disfrutaría *especular* con una tienda, pero contrataría a un hombre estable para atenderla por él.

Adán no fue Perezoso

Dios no creó a Adán para que estuviese sentado debajo de los árboles frutales, disfrutando de la compañía de su esposa y comiendo duraznos y aguacates. Él era un inmigrante legal enlistado para trabajar en el Jardín del Edén. Con relación a este tema, en Génesis 2:15 leemos: **Entonces el Señor** Dios tomó al hombre y lo puso en el huerto del Edén, para que lo cultivara y lo cuidara, y en Génesis 3:19 leemos: *Con el sudor de tu rostro comerás el pan hasta que vuelvas a la tierra, porque de ella fuiste tomado; pues polvo eres, y al polvo volverás.*

De manera que en estos pasajes vemos que Adán, y no Eva, era quien tenía la responsabilidad de trabajar y proveer para la familia; su frente era la que sudaría y era él quien debía labrar la tierra.

Pablo confirma la labor del hombre en 2 Tesalonicenses 3:10-11: *Porque también cuando estábamos con vosotros, os ordenábamos esto: Si alguno no quiere trabajar, tampoco coma. Porque oímos que algunos de entre vosotros andan desordenadamente, no trabajando en nada, sino entremetiéndose en lo ajeno.* Además, en 1 Timoteo 5:8 el apóstol agrega: *Porque si alguno no provee para los suyos, y mayormente para los de su casa, ha negado la fe, y es peor que un incrédulo.* Sabias palabras.

Dios creó al hombre para trabajar y ganar el sustento con el sudor de su frente, y si un hombre no trabaja nadie debería alimentarlo porque esa es su responsabilidad. Vemos entonces que el trabajo es algo muy serio. Creo que podemos decir sin temor a equivocarnos que Dios espera que seamos activos para abrirnos un camino en la vida, no dependiendo de nuestros padres o de los padres de nuestra esposa, o viviendo de algún subsidio de desempleo dado por el gobierno.

Por consiguiente, antes de que usted se comprometa con una chica debe tener una fuente de empleo y debe mantenerse a sí mismo. Si no puede mantenerse a sí mismo, y si no tiene algo ahorrado al menos para la luna de miel, no debería considerar casarse.

> **"** Un hombre no puede vivir sin amor, pero tampoco puede vivir del amor. El amor no va a poner comida en nuestra mesa o va a comprar muebles para nuestra casa. **"**

¿No Puede Encontrar Trabajo?

¿No puede encontrar trabajo? Eso es malo, ya que como el hombre de la familia es su responsabilidad proveer para su hogar. No vaya en búsqueda de esposa hasta que tenga trabajo o tenga un negocio rentable con el cual le pueda proveer a su futura familia.

La vida de casados pone indudablemente demandas sobre el hombre para proveer. No solo se trata de disfrutar la unión sexual con su esposa, se trata de estar listo para proveer para sus necesidades. ¿Puede usted manejar las cuentas bancarias sabiamente y hacer un presupuesto? ¿Puede recortar gastos, o tendrá encontrar un segundo trabajo? Bienvenido a la responsabilidad, ¿está a la altura?

No se Asuste

¡Espere, no huya! Todo matrimonio comienza con dos personas inexpertas; no se trata solamente de usted. Cuando miro los primeros dos años de mi matrimonio, me pregunto cómo mi esposa podía tolerarlo, aunque ahora que lo pienso mejor, a veces no podía. Sin embargo, estábamos enamorados y teníamos la energía para seguir intentando que las cosas salieran bien hasta que superáramos nuestros problemas. Cada minuto valió la pena, tanto en las buenas como en las malas. No quiero desanimarlo para que no se case, pero sí quero animarlo a que haga más, a fin de que esté preparado para la *maratón* del matrimonio.

Muchas mujeres de Dios sufren innecesariamente en las manos de un hombre desobediente que no trabaja. Si usted es un joven visionario, lo exhorto a que haga un esfuerzo y sea disciplinado. Consiga trabajo y prepárese para proveer para su familia. Si conoce a un amigo visionario que está pensando casarse y se queda en las nubes pensando en sus proyectos pero no consigue trabajo, hable con él y muéstrele por qué debe cambiar. Es posible que él se sienta incómodo cuando usted le diga eso, pero es necesario hacer lo correcto.

Dejar y Unir

Cuando usted se case deberá someterse al mandamiento que ordena la palabra de Dios en Génesis 2:24: ***Por tanto, dejará el hombre a su padre y a su madre, y se unirá a su mujer, y serán una sola carne.***

No siempre es fácil para los padres dejar que sus hijos se vayan y formen un nuevo hogar. Algunos de ellos, especialmente las mamás, se vuelven dependientes de sus hijos emocionalmente y encuentran muy difícil entregarlos en matrimonio. Esa es una de las razones por las que es bueno tener una relación sólida con su esposa, porque así ustedes podrán continuar disfrutando de un buen matrimonio cuando los hijos se vayan. Pero cuando un matrimonio no es muy satisfactorio, los padres pueden pasar todo su afecto a los hijos y luego sufrir emocionalmente cuando ellos se casen y se vayan. Esto hace que muchos padres se involucren demasiado en la vida de la nueva pareja.

Dejar y unir es algo necesario que toda pareja de nuevos esposos debe hacer. Es necesario tomar cierta distancia de los padres (tanto de los padres del esposo como de la esposa), aunque eso no significa que usted no pueda visitarlos ocasionalmente. La prioridad de la nueva pareja es su nuevo hogar.

Las palabras del Señor Jesús en Mateo 19:5-6 confirman lo que dice Génesis 2:24: *¿Y dijo: Por esto el hombre dejará padre y madre, y se unirá a su mujer, y los dos serán una sola carne? Así que no son ya más dos, sino una sola carne; por tanto, lo que Dios juntó, no lo separe el hombre.* Pablo también habló de *dejar y unir* al citar el texto de Génesis 2: 24 en Efesios 5:31: *Por esto dejará el hombre a su padre y a su madre, y se unirá a su mujer, y los dos serán una sola carne.* Como vemos, este es un tema que encontramos a lo largo de todas las Escrituras.

> "
> Muchos problemas matrimoniales se solucionarían si la simple regla de dejar y unir fuera obedecida.
> "

Los NO Para los Profetas/Visionarios

1. No se case hasta que pueda mantener a su propia familia.

2. No considere casarse hasta que esté listo para separarse de sus padres (no totalmente pero sí lo suficiente para cumplir el mandato de Génesis 2:24).

3. No olvide que la palabra *dejar* significa **dejar**, así que no se preocupe en estudiar el hebreo para tratar de reinventar su significado.

Otra consideración importante que quisiera que usted tuviera en cuenta, es que no es buena idea casarse con una chica cuyos padres insisten en que ella esté cerca de ellos. Si los padres presionan en la cuestión, deje sus intenciones perfectamente claras; ellos están entregando a su hija en sagrado matrimonio, lo que significa que ella es suya y usted es de ella, de manera que ambos deben formar ahora un nuevo hogar y eso significa separación (no definitiva pero si clara y bien establecida). Busque que su futura esposa tenga claro este concepto. Ore con ella por esta situación para que ambos puedan entender que están haciendo una promesa delante de Dios de *dejar y unir*, tal y como la palabra del Señor lo ordena.

Nuestro ministerio recibe miles de cartas de personas que buscan ayuda para sanar sus matrimonios heridos, así que tenemos experiencia y sabemos cuáles son las causas más comunes de los problemas matrimoniales. La falta de obediencia a la regla de *dejar y unir* es una de las primeras en la lista.

Señor Altibajos

Es probable que usted, *señor visionario*, tenga más altibajos que los que el *señor estable/sacerdote* o el *señor dominante/rey* experimentarán.

Señor Visionario, cuando usted escoja una esposa tenga esto en cuenta: su *caramelito* deberá tener una personalidad optimista; ninguna chica melancólica o de humor variable le conviene. Las jóvenes temperamentales pueden ser interesantes y retadoras, pero usted necesita una chica que esté enfocada en el aquí y el ahora.

Si usted es un visionario, su creatividad innata puede llevarlo a lograr grandes cosas, si sabe cómo utilizarla correctamente claro está. Verá oportunidades donde ningún otro hombre puede verlas; es posible que tenga un don para la música o el arte. Tal vez invente algo que permita que el trabajo de los demás sea más eficiente, o haga nuevos procesos en una empresa, etc. Cuando se case hablará con su esposa sobre las cosas que espera del futuro y que otros simplemente parecen no notar, y ella podrá ayudarle a sacar algo grandioso de todas aquellas cosas sin sentido que usted dice; no olvide que las mujeres adoran que los hombres les hablen.

La mayoría de las personas pasan por alto los pequeños detalles que a usted lo cautivan; ellos simplemente no tienen su enfoque. Al igual que Pasteur, quien descubrió que la rabia era causada por un virus, usted tiene una intuición especial que hará que busque más allá de la apariencia de las cosas. Este tipo de entendimiento le parecerá simple a usted, pero será extraño para los demás. Dios en Su misericordia les dio a algunos hombres este tipo de visión para que el mundo no se estancara; Él sabía que necesitamos hombres aventureros que exploren nuevas tierras, encuentren la cura de enfermedades, escalen la montaña más alta y llamen a otros al arrepentimiento.

> **Las jóvenes temperamentales pueden ser interesantes y retadoras, pero usted necesita una chica que esté enfocada en el aquí y el ahora.**

Esta es una pista para su matrimonio: no espere que justo después de la boda su esposa se desmaye de alegría ante sus excéntricas ideas. Ella no verá la necesidad de escalar, investigar o dejar su acogedora casa para explorar lugares desconocidos; de manera que solo su amor, su firme compromiso y sus decisiones sabias podrán darle a ella la suficiente confianza para creer que usted la cuidará en cualquier lugar a donde la lleve. Necesitará ganar esa confianza y esto tomará tiempo, especialmente si ella fue criada por un papá estable que trabajaba de 8 a 5 todos los días y nunca llegó con ideas locas a la casa. Con el tiempo ella apoyará sus proyectos sensatos y le ayudará a descartar los más descabellados.

Esta es la Cuestión

Frecuentemente la diferencia entre un visionario productivo y uno destructivo es una esposa estable, compresiva y de buen corazón. Sin embargo, no la culpe a ella cuando sus proyectos fracasen. Es necesario que usted siembre en el corazón de su esposa la Palabra de Dios y le pida a Él que la dirija, la guíe y le ayude a tratar con un hombre visionario como usted (con sus virtudes y defectos). Escoja sabiamente a su esposa, **pero** después guíela en el amor y en el temor del Señor.

Escribí algo sobre este tema en mi libro *Creado para Necesitar una Ayuda Idónea*:

"Un visionario radical puede ser rescatado de callejones sin salida con las simples palabras de precaución de su sabia ayuda idónea, siempre y cuando él no la haya convertido a su manera radical de ver el mundo. Los visionarios son propensos a ver las cosas en blanco y negro y pueden ser críticos de cualquiera a su alrededor. Algunas esposas son influenciadas por su actitud negativa y pierden la habilidad de ver con claridad. Él la influencia de tal forma que ella siempre debe aprobar sus actitudes y sus acciones, cuando lo que él verdaderamente necesita es un detector de humo que suene una alarma cuando su dirección los está llevando a comenzar una guerra que quemará la familia entera. Si un hombre se queja demasiado del pastor, de su jefe, de la iglesia y de los políticos, es posible que eso aliente a su esposa a unírsele en su pesimismo. En lugar de controlar su fuego, ella lo avivará. Un visionario inmaduro que cree en su propia infalibilidad prefiere ahogar sus dudas con la afirmación de su esposa. Él quiere que su ayuda idónea haga todo el trabajo, aunque él ya sabe qué debe hacer".

También en ese libro enumeré las 5 acciones del *Sr. Visionario*: Escuchar, amar, reír, trabajar y dejar. Usted puede leer de qué se tratan y después copiarlas en una simple lista. Péguela en el refrigerador o téngala en una hoja dentro de su Biblia, para recordar constantemente cuando se case cómo sus fortalezas y debilidades pueden llegar a afectar su matrimonio.

¿Cómo Debería ser Guiado un Predicador Visionario?

Conozco un Instituto bíblico donde el fundador y presidente es un visionario extremo, y donde casi todos los hombres que se inscriben son visionarios. Ellos no son enseñados a cómo controlar su *imagen*, sino a incrementarla sin ningún límite o disculpa. En consecuencia, cuando los asistentes terminan el instituto, la mayoría tiene problemas para llevársela bien con sus parientes y amigos. Debido a que se enfocan mucho en sus proyectos ministeriales, ellos algunas veces son orgullosos y tratan de imponerles sus ideas a los demás. Esta falta de equilibrio les genera muchos problemas (en la iglesia y en su casa). Por lo tanto, ellos deben ser guiados e instruidos en humildad; solo de esa manera podrán apreciar las opiniones y las ideas de aquellos que los rodean. Estos hombres deben aprender a amar y honrar a sus esposas para mostrar al mundo, por medio de su matrimonio, el amor de Cristo por su Iglesia. Recuerde, su tipo de *imagen* nunca es excusa para ser desequilibrado. Sin importar si usted es visionario, sacerdote o dominante, su responsabilidad es ser un hombre íntegro.

TIEMPO DE ESTUDIO

PALABRAS

Observemos las palabras de estos versículos y aprendamos de ellas.

Proverbios 13:2: *Del fruto de su boca el hombre comerá el bien; mas el alma de los prevaricadores hallará el mal.*

Proverbios 13:4: *El alma del perezoso desea, y nada alcanza; mas el alma de los* **diligentes** *será prosperada.*

Proverbios 13:8: *El* **rescate** *de la vida del hombre está en sus riquezas; pero el pobre no oye censuras.*

Proverbios 13:16: *Todo hombre* prudente *procede con sabiduría; mas el necio manifestará necedad.*

Proverbios 13:18: *Pobreza y vergüenza tendrá el que menosprecia el consejo; mas el que* guarda la corrección *recibirá honra.*

Proverbios 13:20: *El que* anda con sabios, *sabio será; mas el que se junta con necios será quebrantado.*

Proverbios 13:22: *El* hombre bueno *deja* herencia *a los hijos de sus hijos, pero la riqueza del pecador está reservada para el justo* (LBLA).

Un Consejo de las Chicas...

Un Chico Tonto

"Conozco a un chico alto, apuesto, muy inteligente y que trabaja fuertemente para mantenerse a sí mismo, pero las chicas no le dan ni la hora y él no sabe por qué. Su problema es que él reconoce públicamente cuál es su principal amor. La mayoría de las chicas que están interesadas en un muchacho averiguan sobre él en las redes sociales. Entre ellas se comparten todo, así que pasan la información al resto. Este joven pasa gran parte del tiempo delirando sobre el último héroe de comics o sobre un nuevo libro de comics o una película. Él vive en un mundo de superhéroes. Cada quien es libre de escoger lo que le gusta, pero ninguna chica quiere atarse a un hombre tan superficial y vacío. Nadie le da ni la hora. Una chica que lo consideró por un tiempo dijo: 'Después de leer sus comentarios pensé que podía tener algo mejor que eso. ¿Quién necesita a alguien alto y apuesto? Quiero un hombre, no un chico tonto'".

Más Consejos de las Chicas...

Los chicos preguntan: ¿Cómo puedo acercarme a una chica?

Las chicas responden: Es importante ser amistoso y mostrarse cordial. No se apresure; busque una oportunidad para hablarle a la chica en la que está interesado cuando el tiempo sea oportuno. No haga mucho contacto visual desde el principio; procure sonreírle y mirarla brevemente a los ojos. Eso es algo que llama la atención. Ore para que el Señor lo guíe y le indique cómo acercarse a ella. Muestre interés por sus gustos y sus actividades. No se necesita ser un genio para acercarse a una chica, solo se requiere ser un hombre que se interese por otro ser humano y no solo por sus propias necesidades.

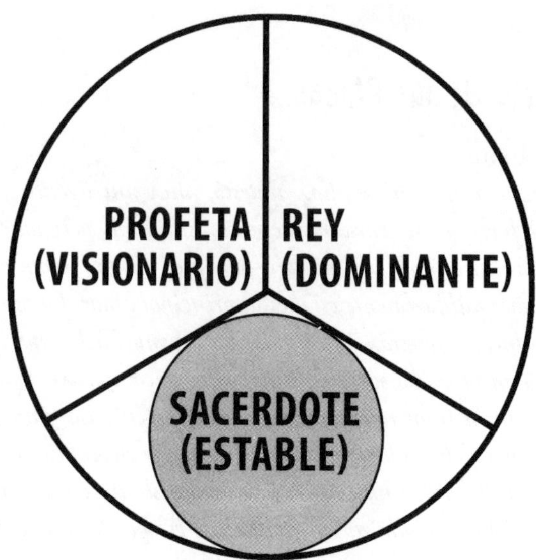

Las Tres Imágenes Masculinas

*Dios Hijo es tan estable
como una roca eterna;
cuidadoso, proveedor y fiel
en su ministerio
como sacerdote.*

Capítulo 9

Sacerdote / Sr. Estable

Muchos de ustedes respiraron con alivio mientras leían el capítulo anterior porque se dieron cuenta de que no son hombres visionarios. Ustedes NUNCA entrarían a una iglesia a tratar de imponer sus ideas a otros y nunca usarían Facebook u otra red social para alardear sobre algo como un libro de comics. Eso lo avergonzaría terriblemente; usted es demasiado lúcido y de pensamiento claro como para encajar en cualquiera de las descripciones del capítulo anterior. Si esto es así, entonces es posible que usted sea un sacerdote/estable.

Dios Hijo es tan estable como una roca eterna; cuidadoso, proveedor y fiel en su ministerio como sacerdote. Hay muchos hombres creados a esta imagen sacerdotal y ellos son la columna vertebral de la sociedad; el terreno neutral que mantiene al mundo moviéndose en un curso estable. Usted puede confiar en un hombre estable, pues no es dado a la ira, no exige que otros le sigan, escucha todos los argumentos, es lento para juzgar… y también LENTO para tomar decisiones. No se deja llevar a los extremos. En el sur de los Estados Unidos llamamos a estos chicos buenos y humildes '*Bubba*' (*un buen hermano*), porque en verdad lo son.

> **"** Los hombres estable/sacerdote son la columna vertebral de la sociedad. **"**

Si usted es un *Sr. estable*, es poco probable que quiera comenzar su propio negocio, a menos que este involucre alguna ocupación estable que usted pueda hacer bien. Un trabajo sólido y regular con un cheque quincenal es lo que prefiere.

Usted sabe que no es el hombre más emocionante de la tierra. En las noches después del trabajo le gusta descansar pasando tiempo con sus amigos, con un videojuego o tal vez viendo una película. Si los líderes de su iglesia organizan una actividad evangelística, usted irá con ellos a repartir tratados, pero difícilmente usted planeará el evento.

Hablando a nivel más personal, conocer chicas es un misterio para usted. Piensa mucho antes de hablarle a alguna joven, pero incluso así no lo hace muy bien. Cuando tiene la oportunidad de hablar con una, por lo general se siente incómodo y no sabe qué decir. Relájese amigo mío, la mujer indicada aparecerá en su camino. Debido a su timidez, atraerá chicas agresivas y mandonas (lo que mi esposa llama chicas emprendedoras). Es probable que usted piense que ellas son interesantes y su carácter fuerte de alguna forma puede ser un *punto de equilibrio* que es llamativo. Sin embargo, no se confíe y no espere hasta que una chica emprendedora se acerque a usted; es necesario que tome decisiones por su cuenta.

No voy a decirle qué tan desequilibrado está, porque probablemente no lo está. Usted puede ver las cosas raras que hace su mejor amigo (profeta/visionario) y aun así pensar que él es un buen chico. Disfruta ayudar a otro amigo con algunos de sus proyectos (rey/dominante) aunque prácticamente le dé órdenes. Usted es el buen amigo que todo el mundo quiere tener. No es innatamente perezoso, pero tampoco tiene la motivación para ir en contra de la corriente. No invertirá su último centavo en un proyecto de empresa; le gusta ir a lo seguro.

Es posible que piense que es un hombre un poco aburrido y de por sí lo es. Incluso su esposa pensará lo mismo. Este será su mayor reto en el matrimonio. Entonces, ¿qué hace un hombre si aburre a su cónyuge? ¿Cómo puede un hombre planear su vida para evitar que su esposa se aburra? De todos los consejos de este libro, esta respuesta probará ser la más útil si usted la pone en práctica: valórela.

> **Los hombres estables son indispensables para mantener la armonía y ayudar a otros a tomar sabias decisiones.**

Valore a su esposa

Este consejo es clave para los tres tipos de hombre, pero es de suma importancia para el *Sr. estable*. El visionario será el mejor valorando a su esposa, aunque también es posible que algunas veces abuse de la generosidad de ella. El hombre dominante perderá mucho si es muy rígido y autoritario, al punto de no valorar el amor de su compañera de vida.

Usted como hombre estable puede sumir a su esposa en el aburrimiento y la decepción si se niega a valorarla, pero, ¿qué significa valorar a una mujer?

Hace poco tiempo estaba escuchando a un amigo compartir un estudio bíblico sobre el arrepentimiento. Él estaba muy emocionado al ver las cosas que estaba aprendiendo y había escrito un ensayo de cuatro páginas para compartir con los demás. Lamentablemente, él ha tenido algunos conflictos en su matrimonio debido a que su esposa siente que no es valorada. Al compartir conmigo las conclusiones que obtuvo en su estudio bíblico, él mencionó que le había pedido a su esposa que escuchara sus argumentos y le dijera si eran buenos o no, y esto había creado una larga lluvia de ideas porque las observaciones que ella había hecho eran muy buenas (y él las incluyó al final de su estudio escrito). Este hombre sintió que ella había incrementado grandemente la calidad de su trabajo final, algo que lo hizo decir: "¡Guau! ¡Nos divertimos mucho haciendo esto juntos!

> " Ser valorado es recibir expresiones verbales y físicas que demuestran que usted es importante en todos los aspectos de la vida de otra persona. "

Traté de aprovechar esta situación para demostrarle que él debe valorar a su esposa con actos, no solo con palabras. Es muy importante demostrarle a una mujer que ella es verdaderamente una *ayuda idónea*. Las palabras y las acciones que reconocen lo que nuestra esposa hace, permiten que ella se sienta importante y traen alegría a su corazón.

Cuando usted valora a su esposa ella siente que puede ayudarle en sus necesidades intelectuales y espirituales. Mi amigo, el protagonista de esta historia, es un hombre cabeza dura, así que aproveché nuestra charla para recordarle varias veces lo mismo, con el fin de que le quedara muy claro. Ustedes, los cabeza-dura, necesitan leer esto dos o tres veces para asegurarse de que entendieron lo que significa valorar a una mujer.

Sabiduría Femenina

Le pregunté a varias chicas solteras qué desean para su matrimonio, y ser valoradas fue lo primero en la lista (también dijeron que eso NO significa comprarles flores o abrirles la puerta del auto). Todas las chicas querían ser un miembro clave en el *equipo familiar*, querían ser mucho más que una muñeca de porcelana, y odiaban la idea de ser relegadas únicamente a la cocina. Cada una de ellas quería estar involucrada activamente en ayudar a su esposo a generar ingresos o a manejar los negocios de la familia. También querían que sus opiniones fueran tomadas en cuenta. Básicamente todas las chicas querían una vida valorada. ¿No es eso lo que todos queremos? Mi propia esposa dice que esto es algo muy importante en su vida. Por lo tanto, he tratado de valorarla durante todos estos años, demostrándole cuán importante es ella para mí.

Siempre he tratado de que mi esposa esté involucrada en todos mis proyectos. Permitir que ella sea parte del equipo es algo que trae alegría a su corazón (y al mío también). Esto no solo es cierto en mi vida. Por ejemplo, antiguamente cuando los esposos trabajaban juntos en las granjas, ellos compartían todas las cosas y estaban pendientes el uno del otro al saber qué labores estaba realizando su cónyuge y podían ayudarse mutuamente.

Esta es la manera en que se supone que las cosas deberían ser, pero el mundo moderno no nos permite regresar a aquellas épocas. Esto era beneficioso incluso para combatir el divorcio, ya que los agricultores tienen una tasa de divorcio más baja que cualquier otra vocación (y además viven por más tiempo). ¡Qué mal que no todos podamos ser agricultores!

> **Si su esposa no siente que usted la necesita, entonces USTED está fallando en su trabajo.**

Durante mis cuarenta y tantos años de casado, he sido pastor, artista profesional, pintor, ebanista, agricultor de vegetales orgánicos, escultor, soldador y escritor (además de otras ocupaciones poco comunes), y mi esposa siempre ha estado allí ayudándome a dar lo mejor de mí en cada labor. Cuanto más la necesitaba, más le gustaba a ella ayudarme, siempre y cuando yo hiciera mi parte del trabajo. Cuando trabajaba en el ministerio, ella me ayudó a aconsejar; cuando me ganaba la vida como artista, ella pintaba cuadros y terminó vendiendo tanto como yo. Aunque ella estaba educando en casa a cinco niños, siempre estuvo dispuesta a ayudarme. Cuando yo era un agricultor de vegetales orgánicos, toda la familia estaba involucrada; cuando escribí mi primer libro, ella fue la que investigó sobre la industria editorial. Nuestro primer libro auto publicado (uno muy pequeño) causó mucha conmoción en el mundo del *homeschooling* (la educación en el hogar), gracias a las habilidades que Deb tiene en el mercadeo. Ella se preparaba para cada reto que yo enfrentaba y me ayudaba con gran esmero.

Las mujeres encuentran satisfacción al ser una ayuda idónea para sus esposos. Cuando usted permite que ella lo ayude y la hace partícipe de sus proyectos, ella se sentirá feliz en el matrimonio y sabrá que es valorada.

Es importante que un hombre soltero tenga en cuenta estas cosas, de esa forma cuando se case podrá hacer que su esposa camine a su lado y no detrás de él. En la vida matrimonial es crucial que el cónyuge forme parte del *equipo*. Esto no siempre es fácil en el mundo moderno debido a que las parejas casi siempre trabajan por separado (algo que por cierto puede traer muchos problemas), pero aun así se debe buscar. Por ejemplo, en el caso de un médico o un abogado, cuyos trabajos son muy exigentes y demandan mucho tiempo, es posible compartir con su esposa después del devocional los proyectos y las dificultades de su trabajo, con el fin de que ella pueda ayudarlo.

> Si usted ama y valora a su esposa, Dios bendecirá su matrimonio.

No olvide que ella necesita ser la parte MÁS importante de su equipo; usted necesita escuchar sus ideas y hacerla participe de lo que hace. Muy pocos hombres pueden destacarse en sus profesiones sin la ayuda de su cónyuge. Además, ninguna ayuda será tan leal como la de su amada esposa.

Haga planes

Decida hacer planes para su vida y piense cómo puede formar un equipo con su futura esposa, incluso antes de comprometerse en matrimonio. Es importante que compartan cuáles son sus convicciones respecto a la crianza de los niños, el ministerio, las finanzas, etc. Lean libros sobre el tema y charlen al respecto. Las respuestas que ella tenga sobre estas preguntas le dirán mucho acerca de su carácter y también le permitirán saber cómo dirigir su futuro hogar.

Esté Atento a lo que ve

Una mujer necesita confirmar que usted piensa que ella es más que una cara bonita. Recuerde, ella será su futura ayuda idónea y eso incluye muchas cosas más que solo la apariencia física. Sin embargo, haga que ella se sienta especial y llénela de halagos. Aunque lo físico no es lo único importante, sí es algo que una mujer espera satisfacer en su esposo. Guarde sus ojos y no permita que se vayan detrás de otras mujeres. Si una joven sabe que usted no es prudente con la forma en que mira otras chicas, o si mira con películas inapropiadas para creyentes, entonces esto puede alejarla de usted. Además, ¿no debería usted respetar a la persona con la que desea pasar el resto de sus días? Recuerde, hay ciertas cosas en la vida que tienen graves consecuencias, incluso aunque usted se arrepienta de corazón.

Para usted como soltero tal vez sea difícil creer esto, pero todas las mujeres tienen altos y bajos en cuanto a su apariencia, especialmente cuando están embarazadas o cuando suben algunos kilitos. Esta montaña rusa de emociones puede hacer que una mujer dude de su belleza, de manera que usted debe ser romántico en todo tiempo y demostrarle que no importa si ella está más gordita, eso no es un impedimento para que usted la ame con todo su corazón. También es posible que ella piense que es muy alta o muy bajita (o cualquier otra cosa parecida), entonces será necesario que siempre le recuerde que ella es perfecta para usted de la forma en la que Dios la creó. Ahora bien, esto no es algo solo de palabras, es necesario que con sus hechos (sus miradas y sus comentarios acerca de otras mujeres) usted le demuestre que ella es, literalmente, la única mujer de su vida. De lo contrario usted le robará intencionalmente su felicidad y su satisfacción sexual.

Regresemos al Hombre Estable/Sacerdote

La mayoría de hombres estables se casarán con chicas emprendedoras, las cuales tienden a ser un poco mandonas. ¿Cómo lo sé? Porque la mujer que logre entrar en su vida y lo ayude a tomar una decisión tan importante como el matrimonio no será una chica tímida. Usted como hombre estable tiene la tendencia a sentirse atraído a este tipo de mujeres, tal vez porque llenan el vacío que experimenta al ser tan estable y de rumbo definido. Una mujer así trae la emoción que usted no puede producir por sí mismo. Si sus amigos tienen la oportunidad de darle un consejo le dirán que está loco. Por ejemplo, un hombre dominante le dirá que se aleje de esa *bomba de tiempo* y un visionario le dirá que es mejor que usted se case con una mujer más servicial.

Sea sabio y no se apresure; si le atrae una mujer emprendedora muéstrele que ella debe someterse a usted y debe seguir su guía como cabeza del hogar. Haga su tarea y busque a Dios pidiéndole dirección y valentía (algo que como hombre estable no siempre tendrá) en esta importante decisión.

Un asunto clave

Para su esposa es crucial saber que ella lo hace feliz. Si ella piensa que usted no es feliz a su lado, entonces usted está fallando en el trabajo que Dios le ha dado como esposo. Ella necesita saber que usted se siente complacido con ella como persona, de manera que es importante que le demuestre esto con sus palabras y con sus hechos. No solo se trata de demostrarle a ella su amor por medio del sexo, ya que para una mujer es necesario sentir que usted ama su alma y su mente tanto como su cuerpo. A las mujeres les encanta sentir que su esposo está profundamente enamorado de ellas; no solo enamorado, sino profundamente enamorado. "Gracias", "te amo" y "te quedó deliciosa la comida" son cosas que ella espera escuchar de usted; sin embargo, diga esas expresiones de corazón y no solamente como algo que puede ayudarlo a mantener la armonía en el hogar.

También es importante que usted se case con una mujer activa, no una chica perezosa que no alcance el estándar de la mujer de Proverbios 31. Usted necesita una mujer que sea madura en la fe y que esté dispuesta a edificar una familia que tema al Señor y ande en sus caminos. Esté pendiente desde el noviazgo si la chica que usted quiere como esposa es activa o es perezosa. Si ella no es muy dada al trabajo, hablen al respecto y trate de mostrarle por qué esta área de la vida es muy importante. Si ella hace caso omiso a sus palabras, tal vez es mejor irse y no casarse con alguien que solo le traerá dolores de cabeza.

La iglesia necesita hombres estables

Ya sea que esté casado o no, usted, hombre estable, es necesario en el cuerpo de Cristo. Es probable que usted no se vea a sí mismo como un líder; sin embargo, en los negocios, la comunidad y la iglesia los hombres estables son indispensables para mantener la armonía y ayudar a otros a tomar decisiones sabias. Un hombre dominante, que es consciente de su llamado a liderar, necesita estar rodeado de varones estables que sean pausados y pensativos para que lo ayuden en el ministerio. Un profeta/visionario tiende a irse a los extremos, pero un hombre estable puede ayudarle a mantenerse en la línea. Por lo tanto, el servicio de los tres tipos de hombre logra que una iglesia tenga equilibrio. Todos haciendo aquello para lo cual Dios los llamó.

Ahora bien, los hombres estables tienen la debilidad de no hablar mucho y, por lo tanto, muchas personas no tienen la oportunidad de escuchar sus consejos. Es importante entonces que usted se comprometa a compartir la sabiduría que el Señor le ha dado, tanto en su casa como en la iglesia. De esa forma su esposa y la *esposa de Cristo* se beneficiarán de sus dones.

Tenga paciencia

La mayoría de jovencitas se deslumbran con el *Sr. dominante* y se desmayan con el loco *Sr. visionario*. La emoción las atrae, así que no se sorprenda si ese tipo de hombres llaman la atención de más chicas que usted. Espere pacientemente; una vez pase la emoción de conocer a un chico visionario y el asombro de ver el carácter de un hombre dominante, las chicas comenzarán a fijarse en usted. Tenga paciencia, pero no se confíe. Sea humilde, reconozca sus debilidades y pídale al Señor sabiduría para obrar según lo que Él ha dicho.

Esta es una **lista de deberes** para todo *Sr. estable* que desea prepararse para el matrimonio:

- Busque una mujer piadosa que cumpla con las características de Proverbios 31.
- Ábrale su corazón, su alma y su mente a la mujer que elija. Aprenda a hablar con ella sobre temas profundos. Pídale a Dios valor en caso que le cueste acercarse a ella.
- Dele siempre prioridad a su futura esposa.
- Piense en cosas que usted pueda hacer para ser romántico, de ese modo cuando se case podrá continuar con esa buena costumbre.

Se necesita que los tres tipos de hombres trabajen juntos al servicio de la Iglesia del Señor. No basta con solo uno de ellos.

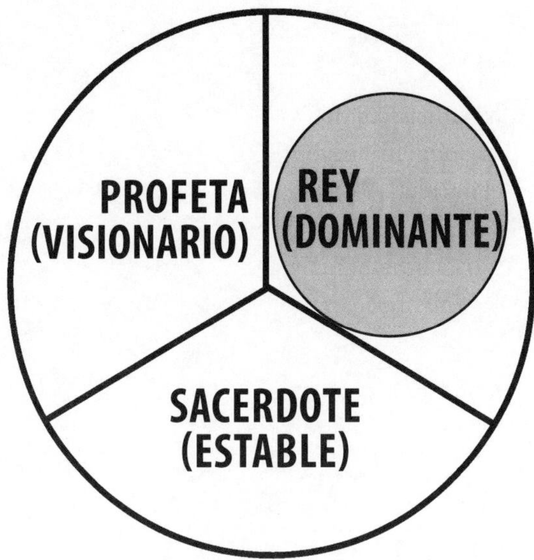

Las Tres Imágenes del Hombre

Algunos hombres son dominantes, autoritarios y poderosos en liderazgo y fortaleza, reflejando a Dios el Padre, el Rey de la Gloria.

Capítulo 10

Rey / Sr. Dominante

Dios es soberano y todopoderoso. Él dijo: "Hagamos al hombre a nuestra imagen" (Génesis 1:26). Dios Padre, Dios Hijo y Dios Espíritu Santo acordaron crear al hombre a Su imagen, y así lo hicieron. Por lo tanto, existe un tipo de hombre que refleja al Espíritu Santo, otro que refleja al Señor Jesús y otro que refleja al Padre. Estos últimos son dominantes, fuertes, imponentes y poderosos en liderazgo y cualidades. Es necesario entonces que después de haber estudiado a los hombre *profeta/visionario* y a los *sacerdote/estable*, observemos las características de los *rey/dominante*.

Pocos hombres nacen con algo más que una *cuota normal* de mando; es decir, con una habilidad de dirigir a otros que vaya más allá de simplemente darles una pequeña orden. Esta cuota mayor de mando destaca a los hombres dominantes como personas reconocidas por su presencia y a menudo los ubica en lugares de liderazgo. La mayoría de los líderes nacen, no se hacen; son creados desde la matriz pero la vida los afila para un fin útil, o los muele hasta la frustración y el fracaso.

Pocos hombres en la historia han sobresalido como comandantes puros. Washington, Patton, Hitler y Churchill son algunos ejemplos. Este tipo de hombre puede ser de gran ayuda o puede ser un dolor de cabeza; esa es la mejor forma de definirlos. Ser un líder fuerte no significa que sus ideas sean correctas, santas o justas, simplemente significa que usted tiene la habilidad de liderar. Un hombre dominante puede tener fines nobles y hacer crecer a una nación para bien o puede pasar a la infamia y llevar a sus dirigidos al desastre. No hay virtud alguna en la naturaleza de alguien, solo en el uso que se hace de ella.

Los hombres rey/dominante a menudo hacen más de lo que se les pide. Cuando están comprometidos con el bienestar de las masas ellos sirven al mundo con honor. Tener la naturaleza y oportunidad de dirigir a otros para grandes fines es una responsabilidad exigente y a la vez una gran carga.

Conozco bien este tipo de hombres ya que soy uno de ellos, aunque también tengo un poco de la locura del hombre visionario. Por la gracia de Dios mi esposa es una mujer sierva/estable, aunque también tiene rasgos de visionaria, los cuales deja ver cada cierto tiempo. Como pareja, trabajando en armonía, somos capaces de manifestar los tres tipos de imagen, y hemos logrado mucho juntos.

Aunque no lo crea, si usted ama verdaderamente a una mujer y la valora con todo su corazón, demostrándole cómo crecer como creyente, ella podrá acoplarse a su carácter dominante. Dios la creó para ser una ayuda idónea, pero usted debe poner de su parte para que ella pueda cumplir con amor esa tarea sin que su carácter dominante se lo impida. No se deje llevar por sus impulsos de sentirse superior. Esa no es una tarea fácil de realizar para ningún hombre, pero es particularmente difícil para un *Sr. Dominante*.

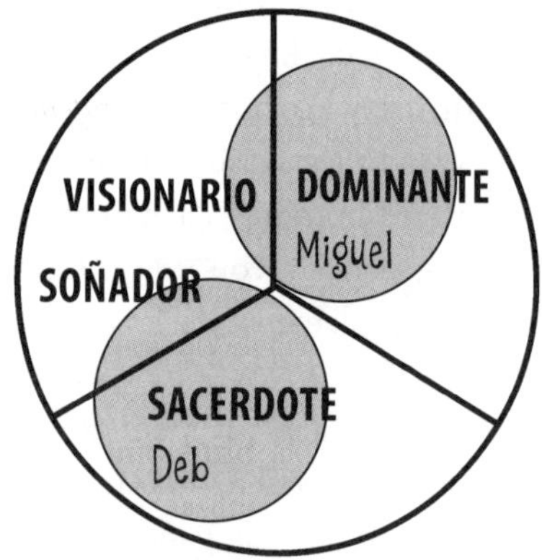

Un buen balance que representa las tres imágenes.

Si usted es un hombre dominante, a medida que madure desarrollará fortalezas, pero éstas se pueden conver-
tir en serios defectos si no están mode-
radas por la sabiduría y la discreción.
Al igual que ocurre con un talentoso
atleta, la confianza en sus dones lo
puede llevar a creer que usted es
autosuficiente. Así que lo exhorto a
que ponga sus ojos en el Señor y le
pida que nunca le permita olvidar que
sus habilidades provienen de Él.

> **El amor se expresa mejor cuando usted está más enfocado en el otro que en usted mismo.**

Es más fácil describir la naturaleza de
un hombre dominante (tipo rey) al observarlo
después de casarse. En ese contexto, sus fortalezas
y debilidades se manifestarán más fácilmente para bien o para mal.
Conocer antes de tiempo los problemas que enfrentará en el matrimonio, y cómo podría responder a los diferentes tipos de chicas, le
ayudará a discernir cuál de ellas es la mejor opción para usted.

Busque el equilibrio

Un hombre dominante es propenso a la falta de tolerancia en cada
faceta de la vida. Esto lo hará hacer las cosas más rápido y dejar a
su esposa atrás, no considerando la posibilidad de que su inflexible
e insensato caparazón pudo haberla llevado al extremo de un comportamiento emocional y errático. Como un hombre dominante,
usted estará orgulloso de su firmeza, pero es necesario que considere que su posición puede estar ejerciendo una presión dañina en
el vaso más frágil de la casa (su esposa). Los hombres dominantes
tienen la tendencia a no ser cercanos o vulnerables; ellos no ven la
necesidad de compartir sus sentimientos. Si ese es su caso, pídale
ayuda al Señor para no cerrarse emocionalmente hacia su esposa.
Tenga en cuenta que ella es diferente a usted y, por lo tanto, ella
espera que su esposo le comparta lo que siente. Mientras que el *Sr.
Estable* muchas veces no le habla a su esposa porque no sabe qué

decir, usted muchas veces no lo hace porque no quiere que ella conozca sus debilidades.

Cuando un hombre no se comunica con su amada, o si usa el silencio para controlar su comportamiento, puede hacer sentir a una buena mujer terriblemente excluida. Una mujer puede vivir en una cueva con poca comida y seguirá siendo leal, pero ella no va a sobrevivir siendo defraudada física, mental o emocionalmente. A menudo un hombre dominante será lo suficientemente tonto para pensar que puede controlar el comportamiento de su esposa sin hablar con ella o negándose a tocarla, pero tenga en cuenta que una dictadura no hace un matrimonio feliz.

> **La voluntad de dominio marca cualquier relación, y la inclinación a dominar está en cada hombre. ¡Combátala cada día!**

Viendo el lado positivo, un hombre *dominante humilde* (casi un oxímoron) es de gran servicio para la humanidad, teniendo en cuenta que hay muchas personas con talentos y dones a quienes les falta el coraje para levantarse y servir.

La personalidad del dominante no tiene que ser ejecutada en un campo especial. Por ejemplo, cuando hay fuego en una casa, o un accidente de autos, mientras otros se quedan alrededor preguntándose por qué alguien no hace algo, el hombre dominante toma la delantera y comienza a dar órdenes, organizando a los transeúntes en un equipo de rescate de emergencia.

En casa, el hombre dominante organizará a su esposa y a sus hijos dentro de un equipo cohesivo para que nada quede sin hacer. En la iglesia, si él ve una necesidad irá hacia el micrófono para indicarle a todos cómo proceder. Sorpresivamente, los estudios han demostrado que las hijas criadas por padres dominantes son más propensas a formar hogares sólidos y amorosos. Un hombre dominante emocionalmente estable da una sensación de seguridad a su familia, brindando tranquilidad a cada miembro de ella.

La Receta para el Fracaso

¿Qué pasa cuando un hombre dominante inmaduro se casa con una chica inmadura? Pues bien, esa es una receta para el fracaso. Conozco a un hombre dominante muy talentoso, el cual se casó con una esposa brillante, un poco terca pero sumamente creativa. Todo lo que él ve en ella es su rebeldía y su única respuesta es no hablarle, manteniéndose distanciado emocionalmente y mostrándole así desacuerdo ante su terquedad. Ella siente que ese trato es una forma de castigo, y por eso ella permanece de mal genio todo el tiempo. Para añadir a su triste situación, debido a que los dos son de naturaleza dominante, ellos mantienen una actitud de "aquí se hacen las cosas como yo digo". Afortunadamente ellos no creen en el divorcio, pero lo cierto es que deben llenarse de humildad, amor y perdón o de lo contrario nunca serán felices o productivos como pareja.

> " Cuando un hombre dominante es sabio y ve a su esposa como su ayuda en lugar de su competidora, él podrá bendecir su hogar y su comunidad. "

El divorcio no pasa de repente; generalmente él va creciendo cada día y se alimenta de decisiones llenas de orgullo y carentes del amor de Cristo (Efesios 5:25). Nos impresionamos cuando oímos que alguna hermosa pareja de muchos años ha anunciado que se están divorciando, pero no deje que la vida pública de ellos lo engañe. Sin duda esa pareja se ha guardado resentimiento durante años, hostigándose y viviendo para ocasionar dolor en lugar de alegría. El divorcio inicia temprano en una relación, aunque algunos se demoren en hacerlo público. No permita que eso le pase a usted.

De vuelta a la historia de los dos *dominantes* cabeza dura, debo decir con tristeza que él ha mantenido una actitud contraria hacia ella desde el día en que se casaron. Lo que él debe hacer es romper el ciclo de orgullo y ofensas y pedirle ayuda a su esposa para remar juntos hacia el mismo lado; él necesita dejar de controlar todo el tiempo y permitirle a ella cierta libertad para la ejecución de sus ideas, y así podrán avanzar como pareja. Él parece ignorar que la respuesta blanda quita la ira (Proverbios 15:1).

Pequeños cambios de actitud pueden traer grandes cambios en una pareja. Además, las mujeres que son apreciadas, generalmente tienen el deseo de complacer a quien las aprecia. Cualquiera que sea tratado con indiferencia, o peor aún si es ignorado, nunca querrá complacer a aquel que lo trata mal. Si este esposo se bajara de su caballo y aprendiera que su esposa puede ayudarlo, ella conocería sus necesidades y él podría sentirse más tranquilo y enfocar sus fuerzas en sus proyectos, no en pelear contra su ayuda idónea.

> **Hombre soltero, aprenda desde ya que su terquedad puede traer mucho dolor a la vida de su futura esposa.**

Usted Necesita la Ayuda de Ella

Dios le dio a Adán una ayuda y él debía amarla como a su propia carne; cuando ella estaba enferma, él debía cuidarla como si se cuidara a sí mismo; cuando ella estaba débil, él debía sostenerla. Esto no es algo fácil de hacer para un hombre dominante. Ser un hombre amable, amoroso y sacrificado requiere constante atención a las necesidades de su esposa, y eso es algo contrario a sus inclinaciones naturales.

Para un hombre dominante, ser autosuficiente es tanto una fortaleza como una debilidad; es lo que le permite llevar la carga de dirigir. Un dominante tiene que hacer lo que es mejor para la mayoría y eso a menudo significa sacrificio personal. Significa soportar las críticas de muchos, sabiendo que lo que ellos dicen es en parte cierto, pero sabiendo también que ha actuado por el bien común. Aquellos que lo observan interpretarán que ser un hombre de autoridad es sinónimo de ser un hombre orgulloso, y eso es una carga que los hombres dominantes deberían llevar sin que les cause angustia.

Aunque usted es un hombre dominante, también es el esposo de una mujer que tiene necesidades, y ella es su principal prioridad (después de Dios claro está). Adán dijo que Eva era *hueso de sus huesos*. Cuando las Escrituras dicen que el hombre y la mujer llegan a ser "una sola carne", está describiendo perfectamente la intención de Dios respecto al matrimonio. Éste debe ser una unión de todo tipo, no solo físico. El apóstol Pablo escribió respecto al matrimonio: "Así también los maridos deben amar a sus mujeres como a sus mismos cuerpos. El que ama a su mujer, a sí mismo se ama. Porque nadie aborreció jamás a su propia carne, sino que la sustenta y la cuida, como también Cristo a la iglesia" (Efesios 5:28-29). Si todos los esposos obedecieran este mandamiento, el matrimonio sería algo mucho más hermoso y placentero. Si su esposa es hueso de sus huesos y carne de su carne, entonces usted debería sentir dolor cuando ella siente dolor. ¡Que esta verdad le ayude a bajar un poco la cabeza para no tratar de imponer sus ideas todo el tiempo!

> " Se necesitan las tres imágenes de Dios trabajando en un hombre para tener estabilidad. "

El Balance

Como hombre dominante, es muy probable que en varias ocasiones usted haya pensado que no necesitaba el consejo de nadie para hacer las cosas. Incluso, en mi caso hubo momentos en que deseché las opiniones de mi esposa por confiar en mi propia sabiduría. Sin embargo, el tiempo y las circunstancias han suavizado; mi pelo es blanco, mi barba es larga y mi espalda se ha encorvado con los años. Pero a pesar de que la edad ha atenuado mi visión natural, también me ha dado *ojos espirituales* que ven mucho más claro que antes. No estoy tan lleno de una sobrecarga de testosterona que distorsione mis pensamientos. Ahora sé que todos los hombres dominantes necesitan un consejo constante que los equilibre.

Se necesitan las tres imágenes de Dios trabajando en un hombre para tener estabilidad; se necesita al hombre sacerdote/estable y al profeta/visionario trabajando en conjunto con el rey/dominante para liderar a la Iglesia del Señor y llevarla por caminos de santidad.

Un hombre maduro entenderá la necesidad de trabajar en su carácter para expresar las otras imágenes que él no posee naturalmente. Por otro lado, un hombre perezoso y egoísta se contenta con seguir la línea de menor resistencia y solo hace lo que llega naturalmente, sin importar la necesidad de un enfoque más desarrollado.

Si usted es un hombre estable, que no se siente cómodo tomando el liderazgo incluso viendo la necesidad, está moralmente obligado a liderar sin importar cómo lo haga sentir esa situación. Eso es ser obediente. Por otro lado, un hombre dominante debe darse cuenta que hay ocasiones en que debe dejar el liderazgo a otros para ser un seguidor. Parte de ser un buen líder es dejar que otros hagan las cosas según los talentos que Dios les ha dado y usted, *Sr. dominante*, debe entender que no es bueno para todo. Busque siempre tener un equilibrio y pídale a Dios que le ayude a aprender rasgos de los otros dos tipos de hombre.

¿Cómo Debe Pastorear un Hombre Dominante?

Como hombres de Dios que trabajamos para Su reino, necesitamos balance. Cuánto más estemos dispuestos a entender la imagen de otros hombres, con sus fortalezas y debilidades, más podremos ayudar en la obra del ministerio.

Conozco a un hombre dominante que es pastor de una iglesia. En esa congregación hay un hermano estable/visionario que está muy interesado en alcanzar a los perdidos. Él, junto a su esposa, se había dedicado a llevar el evangelio en las autopistas y caminos apartados, gastando incluso su propio dinero para hacerlo. Lamentablemente, con el tiempo el pastor dominante ha comenzado a estar en desacuerdo con las actividades de este hermano, debido a que cree que el trabajo que ellos hacen no lleva personas nuevas a la congregación (algunos de los convertidos comienzan a asistir a otras iglesias). Esto ha llenado de desánimo al hermano estable y a su esposa, y ha puesto en riesgo su trabajo misionero.

Existen dos posibilidades: la pareja se irá de la iglesia, o ellos se quedarán pero perderán su vocación. En cualquiera caso, el pastor tendrá que darle cuentas a Dios por manejar mal esta situación. Tratar de mantener el control sobre la iglesia no es su trabajo. Él debe tener en cuenta que la obra es de Dios y no suya. ¿Es el evangelismo una herramienta para agregar convertidos solamente a la iglesia que él pastorea?

Pequeño Dominante

Cuando veo a los jóvenes dominantes tratando de actuar como hombres experimentados, siempre recuerdo mi pasado. Ellos muchas veces empiezan a mandar a todos a su alrededor como si estuvieran a cargo. Desean tomar el control y lo cierto es que no tienen idea de hacia dónde debe ser dirigido el barco. Aunque tengan un don para liderar, eso no significa que sepan cómo hacerlo. El deseo de dominar no es lo mismo que la sabiduría para liderar. La habilidad para liderar no es autoridad para dominar. Esas son duras lecciones que ellos deben aprender con el tiempo. El fracaso es usualmente la cura para esta enfermedad. Hasta que un hombre desconfíe de sí mismo, y en particular de sus impulsos naturales, no estará calificado para liderar a nadie más.

> "Se necesitan las tres imágenes de Dios trabajando en un hombre para tener estabilidad."

Los hombres dominantes son, a menudo, tratados con estima, y esto realmente puede subirse a la cabeza. Ellos podrían sentirse superiores simplemente por los dones que Dios les dio; es decir, por algo que es prestado y que no les pertenece. Recuerde: ***porque a todo aquel a quien se haya dado mucho, mucho se le demandará; y al que mucho se le haya confiado, más se le pedirá*** (Lucas 12:48). Sea humilde, trabaje duro y lidere con amor, tal como el Hijo de Dios lo haría.

Servidora/Estable

Los hombres dominantes son atraídos hacia chicas servidoras/estables. Ellos quieren sentir que ellas los cuidan y se preocupan por sus necesidades. Por otro lado, si usted, *Sr. dominante*, se casa con una chica tipo *emprendedora* (las cuales tienden a ser un poco tercas) debe estar listo para los problemas. Si decide contraer matrimonio con una chica soñadora/visionaria, esfuércese por escucharla y no acabar con sus sueños y sus expectativas.

Es posible que usted se esté preguntando: *'si como hombre dominante me conviene casarme con una mujer servidora/estable, ¿cómo podré encontrarla?'* Pues bien, estas chicas son fáciles de encontrar. Son las que siempre están ocupadas ayudando a otros; son las que aman cocinar para multitudes y disfrutan sirviendo a los demás. Ellas *saltan* cuando alguien necesita ayuda organizando un salón y siempre están listas para caminar la milla extra. Son las que dan, hacen, ayudan y motivan; usualmente sonríen mucho y son animadas. Ellas son dulces como la miel. Para el *Sr. estable*, ellas son un *dulce pegajoso*, y tal vez un poco empalagosas. El *Sr. visionario* no se siente atraído por ellas. Pero para los dominantes ellas son la *chica 10*. ¡Ay de ustedes los hombres que las maltraten! No permita que su carácter dominante le haga olvidar que ella es un vaso más frágil.

Cuide a su esposa

Cuando usted se case, su esposa querrá complacerlo; eso está en su naturaleza. Usted necesita recordar que ella es su amada amiga y compañera, no una esclava. Ella es carne de su carne. Si su carne es tratada como una esclava, entonces una parte de usted es un esclavo.

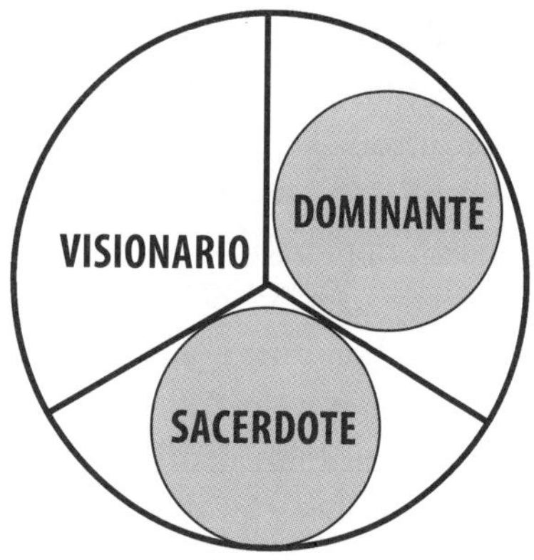

Un hombre Dominante y una mujer Servidora hacen un buen balance.

Ella debe ir junto a usted si su deseo es que Dios bendiga sus vidas, tanto individual como colectivamente.

No piense que usted llegará lejos si no ama a su esposa como Cristo amó a la iglesia. Conozco a hombres que se congregaban muchas veces por semana y se esmeraban al enseñarle a sus hijos la Biblia, pero no trataban bien a su esposa. Estos hombres piensan que serán bendecidos a pesar de la mala relación que tienen con su cónyuge; ellos creen que ella debe arrastrarse a sus pies solo porque es su *ayuda idónea*. Es posible que usted conozca familias de este tipo e incluso es probable que usted esté de acuerdo con la actitud de estos hombres. Sin embargo, un hombre debe entender que cuando lástima a su esposa se está lastimando a sí mismo, ya que ellos son una sola carne.

El divorcio es contrario al modelo de Dios. Si un hombre quiere ser bendecido y llevar una vida satisfactoria, él necesita del empuje y el amor de su esposa; ellos necesitan animarse mutuamente. Todos los hombres deben recordar que su cónyuge es un regalo de Dios y, por lo tanto, Dios le pedirá cuentas por la forma en que trate a su esposa. Usted debe protegerla, amarla y proveer todo lo que ella necesita. Si su esposa está herida emocionalmente, eso significa que usted mismo está herido. Un hombre no puede intimidar a su propia carne para sanarla, él debe llenarse de amor y acercarse a ella para ayudarla en su necesidad.

Aunque esta tarea no es fácil de hacer para un hombre dominante, esto es algo sumamente importante en la relación matrimonial. Cuando un hombre escoge dejar a un lado sus propias aspiraciones para sustentar a su esposa, ella sabrá que es amada y corresponderá a ese amor. Todo lo que una mujer desea en realidad es un hombre que la ame. Esto no es fácil de entender para los dominantes, ya que ellos generalmente piensan que su familia será feliz si logran ser exitosos al liderar y guiar a otras personas. Sin embargo, usted debe entender que su esposa piensa de forma diferente; para ella el aprecio y el amor es lo más importante.

Como un joven soltero, tal vez usted piense que todo el tiempo tratará a su novia, y futura esposa, con un amor tierno, pero lo cierto es que las cosas pueden cambiar en el matrimonio debido a su temperamento. De manera que este es el momento para comenzar a pensar sobre estas cosas y admitir sus debilidades. Ser prevenido es estar preparado para la batalla de tener un *matrimonio celestial.*

La Conclusión del Asunto

El verdadero amor es cuando usted está más en sintonía con la alegría de su esposa que con el éxito que puedan lograr juntos. Amor es cuando usted se preocupa más por las necesidades de ella que por las propias. Amor es cuando usted se preocupa más por la salud de ella que por la propia. Amor es cuando usted se detiene en medio de su vertiginosa carrera cuando ella está triste o herida, solo con el fin de ayudarla a sentirse mejor. Amor es estar dispuesto a sacrificarse por ella tal y como Cristo lo hizo por la iglesia. Muchos hombres equiparan el amor con el sexo o con la ayuda que su esposa les puede ofrecer, pero lo cierto es que tales hombres están destinados a fracasar, no solo en el matrimonio, sino también en la vida.

> "
> Amor es cuando usted se sacrifica por su esposa como Cristo lo hizo por la Iglesia.
> "

¿Dónde Están los Chicos?

Hay miles de jovencitas que añoran casarse, pero muchas de ellas piensan: '¿Dónde están los hombres?'. Pues bien, esa es una pregunta que todos deberíamos hacernos porque hoy día, en muchos casos, los hombres no buscan a las chicas, ¡ellos esperan que ellas los busquen y esto no es lo adecuado!

Depende de usted buscar y encontrar a una mujer piadosa que le ayuda a construir un hogar que ama y tema al Señor.

TIEMPO DE ESTUDIO

El capítulo 16 de Proverbios está lleno de sabiduría. Léalo y haga una lista de los versículos que más llamen su atención; esto llenará su corazón de gozo y le dará consuelo en el tiempo de la prueba.

Erradicando la Amargura

Una raíz de amargura es sutil, difícil de detectar, dura de erradicar y muy costosa para su futura familia. Créame, usted no se quiere casar con una chica que tiene una raíz de amargura en su corazón. A algunas personas, incluso creyentes, les cuesta dejar atrás el pasado y esto los llena de amargura y tristeza. Estas emociones a menudo se unen a sus pensamientos tal como una raíz lo hace con la tierra. En dichos casos, solo la gracia de Dios puede librar esos corazones y ensañarlos a perdonar y continuar adelante.

> *Seguid la paz con todos, y la santidad, sin la cual nadie verá al Señor. Mirad bien, no sea que alguno deje de alcanzar la gracia de Dios; que brotando alguna raíz de amargura, os estorbe, y por ella muchos sean contaminados; no sea que haya algún fornicario, o profano, como Esaú, que por una sola comida vendió su primogenitura* (Hebreos 12:14-16).

Algunas Cosas más

Hay siete lecciones al final de este libro que usted necesita trabajar con su futura pareja. Son sencillas y pueden ser de mucha ayuda. Úselas para enseñarle a ella acerca del matrimonio y lo que dice la Palabra de Dios al respecto. Cómprele buena literatura que pueda ayudarla a entender cuál es el llamado que Dios hace a las mujeres que desean casarse. Lea junto a ella las partes que usted cree que son cruciales en esos libros y pregúntele cuál es su punto de vista al respecto.

Busque casarse con una mujer que vea el matrimonio como Dios lo ve; solo de esa forma podrán caminar en pos de la santidad.

Mientras Dios envía a su vida una mujer para contraer matrimonio, prepárese y santifíquese en su caminar diario para que cuando llegue el día, usted pueda ser de bendición para ella.

Más Charla de Chicas...

Una Lección de Llanto

Cuando mi esposo y yo nos casamos, ninguno de los dos tenía idea de cuán diferente era nuestra percepción en cuanto a las emociones. Supongo que es mejor decir, la *expresión de las emociones.*

Creciendo en una familia emocionalmente abierta, nunca se me ocurrió que mi esposo no estuviera acostumbrado al llanto. Entre mis dos hermanas y yo llorábamos mucho, y mis hermanos estaban acostumbrados a esos *arrebatos emocionales* (o 'sollozos histéricos' como solían llamarlos). Mis hermanos ni siquiera se inmutaban por el llanto y alegremente nos confortaban antes de irse a la calle buscando un ambiente más tranquilo. Yo esperaba que mi esposo tuviera una respuesta similar.

Él creció con tres hermanos y una hermana, pero ni ella ni su mamá lloraban en frente de los chicos, a menos que alguien hubiera muerto. Él, entendiblemente, asumió que las mujeres no lloraban mucho, ya que muy pocas veces las vio llorando.

¡Imagine su conmoción cuando se casó conmigo, una mujer altamente emocional, quien no sentía necesidad de frenarse en sus tormentas emocionales! Eso hizo que el primer año de matrimonio estuviera lleno de incidentes y dificultades.

Los chicos necesitan saber que algunas veces las mujeres lloramos sin una razón aparente. Llorar es una forma de alivio emocional y las mujeres la usamos con mucha más frecuencia que los hombres.

Mi esposo no podía aceptar eso al principio; él insistía en que algo tenía que estar mal, de otra forma yo no estaría llorando. Traté de explicarle que a veces me sentía con ganas de llorar y solo dejaba salir las lágrimas; él no me creía y me exigía que le dijera qué estaba mal. ¿Había alguien herido mis sentimientos? ¿Quizás él había hecho algo que me molestara? ¿Había encontrado ratones en la cocina? La verdad no.

En medio de un mar de lágrimas particularmente emocional, levanté el teléfono y llame a su mamá. "¡¿Le explicarías por favor a tu hijo que ALGUNAS VECES las mujeres lloramos sin ninguna razón?!?", le pedí a ella con desespero.

Silencio.

Ella preguntó: "¿no le dijiste eso?".

"¡Lo hice, pero él no me cree! ¡Cree que debe haber una razón!".

"Su padre creyó lo mismo cuando nos casamos. Yo le explicaré", replicó. Y ella lo hizo.

Le tomó unos días, pero él comenzó a creer que las mujeres, efectivamente, solo lloran por llorar. Mi hermano mayor amablemente le explicó que cuando una mujer está llorando, solo es necesario darle un abrazo, comprarle algún chocolate y tratar de no hacer algo tonto. Creo que ese es un muy buen consejo.

**Un buen balance que representa
las tres imágenes**

*¿Cómo podemos
trabajar juntos?*

Capítulo 11

Mezclar y Combinar

Soy un hombre rey/dominante pero también tengo mucho de profeta/visionario en mí. Mi esposa es una mujer sacerdotal/estable/servidora, pero ella tiene algo de profeta/visionaria/soñadora. Entonces, ¿Cómo podemos trabajar juntos?

Durante los primeros años de nuestro matrimonio, le vi suaves rasgos de sacerdotal/servidora, debido a que era muy servicial; sin embargo, las expresiones de su naturaleza servidora parecían inmaduras y débiles, ya que a menudo cedía ante mujeres fuertes, dominantes y altivas. Me mantuve incrédulo en lo referente a esa parte de su carácter. Varias veces la acusé diciéndole: *"Mentirías para evitar la confrontación. ¿Por qué dejas que esas mujeres te atropellen de esa manera? Tú tienes tu propia mentalidad. Habla entonces."* Me daba un poco de rabia ver que mi esposa aceptaba insensateces de mujeres menores. En mi naturaleza dominante, soy un poco como John Wayne: "No tomo nada de un don nadie". En el ministerio, a menudo existen conflictos que necesitan ser resueltos, y ella no estaba disponible para ayudarme.

Incluso, ella cedía en nuestra propia familia. Mi madre y mis dos hermanas son dominantes y agresivas (casi toda mi familia tiene ese carácter excepto mi hermano, él es sacerdotal/estable a más no poder), y eso ocasionó problemas en el inicio de nuestro matrimonio debido a algunas decisiones que tomamos como pareja acerca de cómo íbamos a criar a nuestros hijos y nuestro deseo de educarlos en el hogar. La familia no nos entendía algunas veces. Supongo que debería decir que ellos no me entendían, y yo necesitaba que mi esposa me apoyara en esos momentos. Sin embargo, cuando éramos confrontados por nuestras decisiones, ella cedía para evitar las discusiones. Eso me exasperaba. Entonces, comencé a charlar con ella sobre eso, para que no huyera de la confrontación cuando estuviera defendiendo una causa justa. Me llevó años antes de lograr encender esa llama en su corazón. Ahora las cosas son muy diferentes.

Ella aún conserva su naturaleza sacerdotal/servidora. Me sorprende su habilidad de no ofenderse y dar una respuesta blanda que aleja la ira. Además, para mi sorpresa, ahora me ayuda en las confrontaciones. Eso es un asombroso y maravilloso regalo para mí. No siempre soy sabio al confrontar a los demás, debido a mi naturaleza dominante, pero ella me brinda equilibrio cuando no lo tengo. Juntos somos mucho más de lo que hubiéramos sido por separado; juntos somos un todo, y nuestro todo es mayor que la suma de las partes.

Mi esposa se preocupa por las personas y busca cómo ayudarlos. Yo sé cómo ayudarlos, pero no siempre me es fácil llevarlo a la práctica. Después de todos estos años de ministerio con ella, puedo ver claramente que la forma en que hago las cosas no siempre soluciona todos los problemas. Si ella no fuera mi *ayuda idónea*, yo muy probable hubiera abordado este libro de una forma diferente, pero ella me ayuda a encontrar el equilibrio y a no ser tan fuerte en mis escritos. De hecho, yo se lo pasé a ella para que lo editara. Después ella me pasó el contenido editado y luego yo lo re-escribí hasta que ambos estuvimos satisfechos en que esas eran las palabras correctas para decir lo que era necesario decir.

> **Juntos somos un todo, y nuestro todo es mayor que la suma de las partes.**

Recuerdo un documental acerca de gemelos artistas que trabajaban en Disney. Ellos trabajan en los proyectos durante todo el día; mientras uno dormía, el otro trabajaba. Cuando el primero se despertaba, agarraba la brocha y seguía pintando mientras el otro tomaba su turno para dormir. Ambos decían que cuando se despertaban después de 8 horas de sueño y veían el avance en las pinturas, sentían como si ellos hubieran hecho el trabajo y así podían continuar sin ningún segundo pensamiento. Mi esposa y yo nos hemos convertido en una pareja similar a ellos al escribir libros; ambos podemos escribir un párrafo y cada uno lo siente como si fuera suyo.

Mientras nos envejecemos y nuestro matrimonio madura, Deb y yo nos hemos convertido en un *dúo dinámico* que expresa los tres tipos de imágenes. A medida que entendemos nuestras fortalezas y debilidades y dejamos a la otra persona aquellas áreas en las que sabemos que no somos tan hábiles, ambos hemos llegado a ser más balanceados en la expresión individual de nuestro *tipo*. Me he convertido en más estable (sacerdotal) y ella se ha vuelto más emprendedora (dominante). Y operando en completa cooperación entre nosotros existe un buen reflejo de las tres imágenes. Yo contribuyo con el dominante, y algo del visionario, y ella contribuye con los rasgos de una servidora (sacerdotal) con un poco de visionaria.

Yernos

Mi yerno James es un estable con mucho de visionario (lo mismo que mi esposa, pero él tiene una dosis extra de visionario). Cuando él era soltero e intentaba entrar en el corazón de mi hija Shoshanna, él ayudaba a mi esposa en la cocina. Yo nunca hubiera hecho algo parecido. Supongo que él creyó que al ganarse a la mamá podría tener un mejor chance con la hija. Él lavó más platos de los que nuestra lavadora de platos automática ha visto. Es posible que él me tuviera miedo y, por lo tanto, pensara que la mamá Pearl era más accesible. De cualquier manera, él se casó con mi hija y eso nada tuvo que ver con los platos. Pensándolo bien, él no se ha ofrecido a lavar un solo plato desde el día en que se casaron.

Shoshanna es la mano derecha de James; ella es una emprendedora muy dominante y con mucho de soñadora (visionaria). Como equipo ellos también son un *dúo dinámico*. Como mujer del tipo dominante, a ella le gusta *tener audiencia* alrededor de las cosas que hace, y entre más grande mejor. Ellos tienen un negocio de hierbas aromáticas. Shoshanna hace videos en YouTube, realiza la publicidad, escribe libros y artículos de revista acerca del negocio y se encarga del personal. Él maneja las necesidades técnicas, dirige el sitio web, llega con ideas para que mi hija las implemente y hace que todo funcione en conjunto; él es el cerebro detrás de toda la escena. Ella es la creatividad y dice que él le da alas para volar, algo que ella adora. Ella no tiene ningún problema en servir a su esposo a pesar de que trabajan juntos; no hay competencia entre ellos. Piensan y trabajan como equipo y logran más juntos de lo que ninguno de ellos hubiera podido lograr por su cuenta. La mitad de un motor no encendería. Sin ella, sus visiones nunca encontrarían expresión y él sería un inventor tratando de crear un aparato inútil. Sin su lado estable, ella sería una desordenada artista visionaria con grandes ideas pero sin saber cómo llevarlas a cabo. Juntos son un equipo completo.

¿Quién Lleva los Pantalones?

Muchos hombres casados estarían en desacuerdo con lo que digo acerca de liberar el potencial de su esposa, alegando que algunas mujeres son mandonas, se promueven a sí mismas y colocan a sus esposos por debajo, incluso al punto de tratar de llevar los pantalones en la familia. Entonces, según estos hombres, esta situación es dañina.

Algunos chicos recién casados luchan para demostrar que ellos llevan los pantalones en la casa. La mayoría de los hombres dominantes visionarios son inconscientemente autoritarios con su esposa para demostrar que ellos son 'los hombres'. No se dan cuenta de que esto produce el efecto contrario y demuestra su inseguridad. Enfrentémoslo, la mayoría de los hombres modernos no son buen ejemplo de liderazgo; en muchos casos solo son niños inmaduros que tratan de ganarse su posición por medio del autoritarismo. Un hombre sí puede motivar a su esposa a ejercitar sus dones y talentos y no ser intimidado por su éxito. Mejor aún, él puede incorporar las habilidades de ella en los proyectos de su vida y, por lo tanto, expandir sus metas e incrementar sus posibilidades de éxito. Cuando un hombre es sabio y ve a su esposa como una ayuda en lugar de una competencia, él puede usar sus dones para el bien de toda la familia.

> "Una mujer está lista para seguir a su esposo cuando ve que él tiene los mejores intereses para ella en su corazón."

En un matrimonio en el que un hombre de tipo estable perezoso está casado con una enérgica mujer emprendedora, es probable que ella se frustre con el lento gateo de su cónyuge lejos del progreso. La naturaleza de una mujer es llenar un vacío, eso es lo que las hace unas maravillosas *ayudas idóneas*. Ellas son como una célula T, esperando acoplarse en donde las necesiten. Ellas pueden complementar a un hombre; sin embargo, siendo humanas, pueden ser muy ambiciosas. Si se dan cuenta de que sus esposos están yendo en una dirección poco práctica, o si están dirigiendo sin tener una meta clara, es probable que ellas tomen los pantalones y el sombrero e intenten sacarlos de la silla de capitán para salvar a la familia del estancamiento y del desastre.

> "Muchos hombres débiles tratan de demostrar su superioridad con vehemencia pero no se esfuerzan por sacar a su familia adelante."

Existen dos enfoques para evitar que su esposa se convierta en una mujer autoritaria y acaparadora.

Primero, usted puede escoger a una ayuda idónea que sea una chica servidora, no muy ambiciosa, sabiendo que soportará casi cualquier cosa y, si es necesario, sufrirá en silencio. O, puede ser valiente y levantarse cada día para aprovechar la vida con energía y entusiasmo, escogiendo a su esposa sin importar su *tipo* y enfrentando la vida como un equipo, empleando juntos todos los dones que tienen entre ustedes.

Una mujer está lista para seguir a su esposo cuando ve que él tiene los mejores intereses para ella en su corazón. Una emprendedora llena de energía y visión, seguirá a un hombre estable si él la motiva a ayudarlo en su trabajo.

Si un hombre dominante, que no sea muy fuerte en su carácter, se casa con una emprendedora, esa es una fórmula de guerra. Si él dirige la familia teniendo miedo de que su autoridad no sea respetada y trata de equilibrar eso con autoritarismo, es posible que no puedan soportarse el uno al otro. Un matrimonio disfuncional como este, que genera que los pastores prediquen cada vez más fuerte "Esposas, obedezcan a sus esposos", es un desequilibrio.

> Si dos personas de cualquier tipo de imagen oran y piden la guía de Dios, ellos pueden formar un buen matrimonio.

Dios no cometió ningún error cuando creó a las *ayudas idóneas*. Ellas están listas para ayudar, pero no les gusta sentirse forzadas a sentarse silenciosamente en el banco mientras usted pierde el juego. Así que usted puede pedirle a Dios que le ayude a trabajar junto a ella, dirigiéndose como pareja hacia el mismo lado, o puede tomar el camino fácil y escoger una esposa que esté dispuesta a tolerar su inmadurez con pocas quejas.

Un hombre dominante maduro se puede casar con una emprendedora/visionaria que no tenga nada del tipo estable/servidora en su carácter, y aunque ellos seguramente serán una pareja explosiva, lo cierto es que pueden trabajar juntos y tener un lindo matrimonio que glorifique a Dios. Es posible que durante su matrimonio tengan peleas ocasionales, pero las sortearán con el mismo vigor con el que se ven envueltos en ellas. Su éxito como equipo estará en el apoyo mutuo y su debilidad será la falta de cualidades sacerdotales.

Asegurando el Éxito

Ninguna combinación predice el éxito o el fracaso matrimonial, y el *tipo* de alguien no puede predecir si serán una pareja feliz o no. El carácter es mucho más importante que la *imagen* natural de alguien. Por lo tanto, si dos personas de cualquier tipo oran y piden la guía de Dios, ellos pueden formar un buen matrimonio.

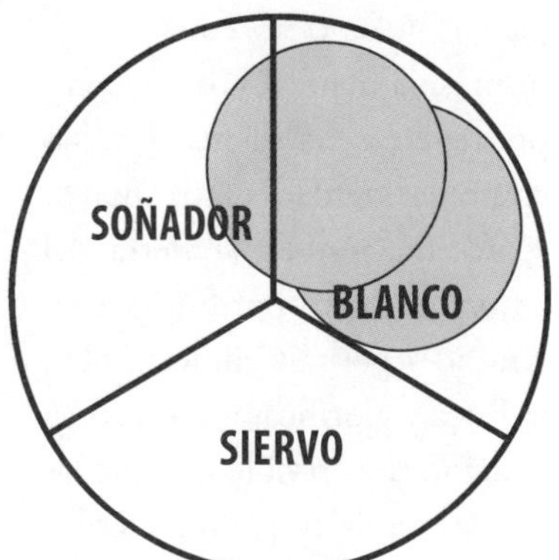

Una mezcla explosiva, para bien o para mal.

Los problemas que tienen que superar las parejas casadas varían de acuerdo a las combinaciones que se hagan de los tres tipos. Sin embargo, después de que usted se case, le recomiendo que nunca culpe a su *tipo*, o el de su esposa, por los inconvenientes que se puedan presentar. Eso es algo necio. Es por esa razón que usted debe prepararse en **busca de su Ayuda Idónea** con anticipación. De esa manera podrá hacer un trabajo previo que le evite dolores de cabeza y también podrá trabajar en las diferencias con su pareja desde antes de casarse.

Hemos estudiado los diferentes *tipos* con sus fortalezas y debilidades con el propósito de entender nuestras motivaciones y respuestas en lo referente al matrimonio. Aunque buscar una pareja que sea más compatible que otra puede ser de ayuda al momento de contraer nupcias, lo cierto es que no existe garantía alguna de que el casarse con un *tipo* contrastante, normalmente acoplado a su naturaleza, vaya a generar un matrimonio libre de problemas. El egoísmo y la pequeñez de espíritu no están limitados a una combinación. No existe substituto para la sabiduría y la gracia. No importa lo que una pareja pueda o no tener en común, solamente si ellos se comprometen a ver el matrimonio como en verdad es (la mayor representación en la tierra del amor de Cristo por Su iglesia), entonces podrán edificar sobre la Roca y glorificar a Dios en su relación. Los problemas que las parejas tendrán que resolver serán diferentes de acuerdo a las combinaciones de *tipos* de imagen, pero la solución final es la misma: sometimiento a Dios y su Palabra y amor sacrificial hacia el cónyuge.

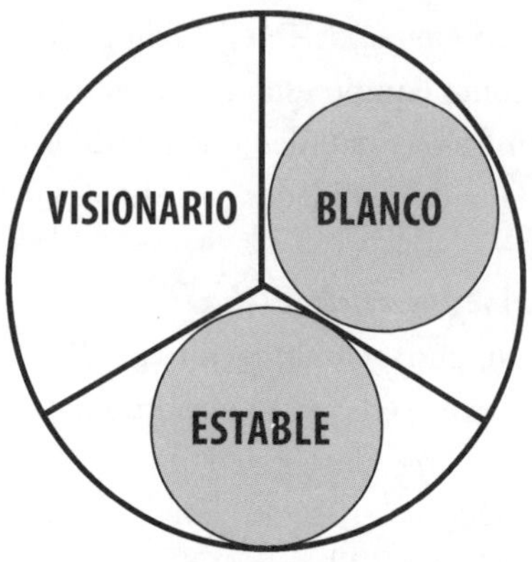

El Sr. estable encontrará emocionante a una mujer emprendedora.

Usted se puede casar con una chica que encaje con su personalidad como un guante, pero si usted falla como esposo en las cosas que el Señor le ordena, entonces es posible que arruine ese regalo de Dios.

Ejemplos prácticos

Conozco a dos parejas que están pensando en casarse y es muy interesante ver como los opuestos se atraen. Quisiera compartir esos ejemplos con ustedes.

Pareja A

A la primera pareja la llamaré los *A's*. El *Sr. A* es sacerdotal/estable; es muy tolerante. Él está interesado en la *Srta. A*, una mujer emprendedora con un toque de sacerdotal/servido-

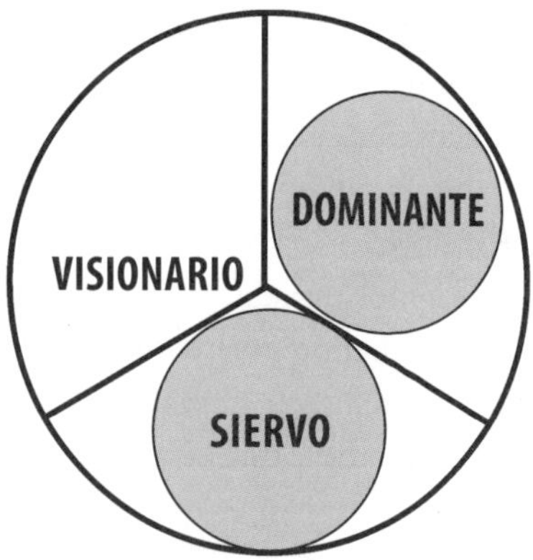

Un hombre dominante y una mujer servidora hacen un buen equilibrio.

ra. Ella es divertida, animada y *eléctrica* de una manera que él nunca podrá serlo. Ella piensa que él es una persona chapada a la antigua, pero se complace en poder alegrarlo. Incluso, al estar planeando el matrimonio, ella está preocupada y espera que él le permita usar sus dones y talentos para abrir una tienda en su nueva casa.

A ella le gusta el comercio. Él tiene una buena educación y gana bastante dinero; por esa razón es posible que no entienda completamente la necesidad

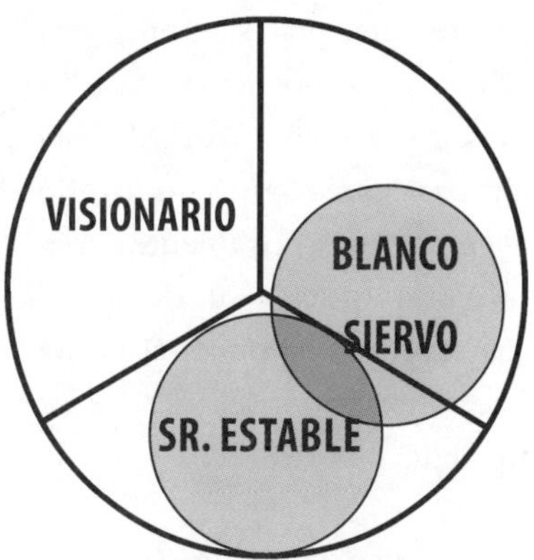

El Sr. Estable encuentra a una chica emprendedora/ servidora como alguien de su agrado.

que ella tiene de hacer algo creativo que podría ayudarlos con finanzas. Si él es sabio, no solo permitirá que ella haga algo con sus talentos, sino también le ayudará a alcanzar sus metas. ¡Un momento!, podría decir alguno de ustedes, ¿Es él quien será su *ayuda idónea*? NO, evidentemente. Él está *desarrollando* a su propia ayuda idónea, la cual le servirá como pareja. Él está siendo sabio y está ayudando a que su esposa crezca como persona por medio del uso de sus dones y sus talentos.

Pareja B

Llamaremos a la segunda pareja los B´s. El *Sr. B* es un visionario… un desequilibrado visionario. Es bueno que él se vaya a casar con una chica joven, ya que ella tendrá que acoplarse a sus peculiaridades. La *Srta. B* es una emprendedora/dominante con un toque de servidora. Ellos podrían hacer una buena y equilibrada pareja si él escucha el consejo práctico de su esposa y si ella aprecia sus ideas un poco locas, creyendo lo suficiente en sus proyectos para que él continúe luchando por ellos. Él necesita aprender que todo lo que venga a su mente no siempre será sabio, y ella debe ayudarlo a discernir las cosas. Si ella está ahí para consolarlo y motivarlo a pensar más claramente antes de comprometer su tiempo y sus recursos, entonces él podrá hacer las cosas de una mejor manera.

Mezclando las identidades

Hace algún tiempo, mi esposa y unas chicas estaban riendo y discutiendo acerca de los hombres de la iglesia y sus *imágenes*, cuando una chica de 18 años

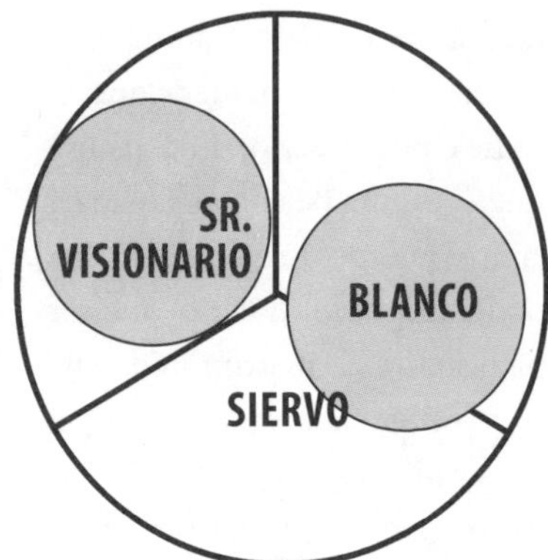

El Sr. visionario y una chica emprendedora con un toque de servidora hacen un buen equilibrio.

afirmó con confianza: "Mi padre es definitivamente un hombre dominante", a lo cual algunas de ellas respondieron entre risas: "No, tu padre definitivamente es estable". Ella sonrió y dijo: "Ustedes no conocen a mi papá, él dirige nuestra casa. Todo el mundo hace lo que él dice". Aunque en realidad el papá de esta chica sí es un hombre estable, con ningún parecido a un dominante o un visionario, ella lo puso en la posición de hombre dominante porque él de hecho sí asume una actitud de liderazgo en su hogar.

Todos los hombres deben dirigir sus hogares. Dios destinó al varón a ser la cabeza del hogar, sin importar su imagen natural. Que un hombre sea de naturaleza sacerdotal y estable no significa que no sea capaz de tener personas a cargo en su casa o incluso en su trabajo. Existen muchos hombres estables que son nombrados jefes en las empresas donde laboran. Un hombre estable

> " No debemos excusarnos en nuestras imágenes para no llevar a cabo lo que Dios nos ha ordenado. "

puede manejar su trabajo y la fuerza laboral de excelente forma; también puede ser un pastor y dirigir un gran número de personas en los ministerios de la iglesia, etc. Esto no solo aplica al hombre estable, ya que un visionario también puede dirigir a otros en un ministerio, aunque tal vez quiera imponer nuevos métodos para llevar a cabo las cosas.

No debemos excusarnos en nuestras *imágenes* para no llevar a cabo lo que Dios nos ha ordenado. Los tres *tipos* están en cada uno de nosotros, aunque algunos de ellos lo estén de forma discreta. Uno de los tres dominará y será obvio para aquellos que nos conocen, pero podemos y debemos cultivar los otros *tipos* en nuestro interior.

> La verdadera nobleza se puede apreciar no cuando actuamos según nuestra propia conveniencia, sino cuando servimos a otros a pesar de la dificultad que eso pueda generar.

Ahora bien, eso es lo ideal, pero lo cierto es que la mayoría de las personas pasarán toda su vida sin cultivar las *imágenes* que no tienen. Un hombre es sabio cuando busca el equilibrio y no responde a las circunstancias de la vida en una sola dimensión. Hay ocasiones en que el visionario debe dejar su visión y hacer su actividad diaria como un hombre estable. También existen situaciones en que el reservado hombre estable debe alejarse de su zona de confort y hacerse cargo de las cosas. Es posible que ellos se sientan fuera de lugar, pero aun así tendrán que hacerlo.

> Además, al conocer nuestras debilidades podemos enfocarnos en cómo mejorar, pidiendo al Espíritu de Dios su guía y su ayuda.

¿Qué tiene que ver esto con elegir una ayuda idónea? Pues bien, si usted puede entender mejor sus propias fortalezas y debilidades, entonces podrá actuar con anticipación y sabrá cómo reaccionará ante las situaciones cuando esté casado. Entender las características de los tres *tipos* de hombre le permitirá entender a la chica que está considerando como esposa y la forma en que los dos se pueden relacionar. Además, al conocer nuestras debilidades podemos enfocarnos en cómo mejorar, pidiendo al Espíritu de Dios su guía y su ayuda.

TIEMPO DE ESTUDIO

Efesios 5 es uno de los pasajes de las Escrituras que más habla directamente sobre el matrimonio. El capítulo comienza recordándonos la importancia de nuestro caminar con el Señor, y luego continúa hablando de nuestras relaciones personales (el matrimonio, el trato con los hijos, el trabajo), enfatizando especialmente en la relación de un hombre con su esposa, diciéndonos cómo debemos amarla y apreciarla. El capítulo finaliza hablando acerca de cómo la esposa debe reverenciar a su esposo.

Revise este pasaje en su Biblia y subráyelo. Divídalo en temas y resalte los versículos que resumen las ideas principales. Después de que se haya casado, regrese al capítulo y estudie con su esposa las ideas que había resaltado.

Maridos, amad a vuestras mujeres, así como Cristo amó a la iglesia, y se entregó a sí mismo por ella.
Efesios 5:25

Como diente roto y pie descoyuntado
es la confianza en el prevaricador en
tiempo de angustia.
Proverbios 25:19

Capítulo 12

El dilema internacional

¿Recuerda lo que dije acerca del *Sr. estable*? Atrás comenté que él suele llamar la atención de chicas mayores, debido a que lo consideran como un compañero seguro y confortable. Por esta razón, el *Sr. estable* debe estar listo para rechazar a las mujeres equivocadas y decirle sí a la apropiada.

La siguiente historia es sobre un hombre que pasó su juventud sin que NINGUNA chica se interesara en él en lo más mínimo, hasta que comenzó a asistir a un instituto bíblico. Allí, su fantasía más maravillosa se hizo realidad… o quizá era una pesadilla. De repente, lo querían más chicas de lo que él se hubiera podido imaginar y, ¿cómo se suponía que él iba a escoger una? Bueno, ese era un buen problema. Acá esta su historia contada en sus propias palabras.

Una Esposa Piadosa: Encontrando la Elección de Dios

Encontrar una esposa puede ser una tarea intimidante y muchas veces frustrante. La buena noticia para los creyentes, es que una mujer piadosa vale todo el esfuerzo que usted debe poner en encontrarla. Mi experiencia encontrando una esposa me hizo ver que Dios realmente responde a las oraciones. Al recordar toda la incertidumbre que tuve en ese proceso, tengo unos consejos para aquellos hombres que quieren algo más que un matrimonio ordinario.

Mi historia inicia con una oración, bueno, en realidad con muchas oraciones y muchas preocupaciones. Viendo hacia atrás, Dios estuvo conmigo en esos momentos de angustia y lamentación que llenaban mi mente. Mi deseo era encontrar a aquella mujer escogida por Dios para mí, pero después de mucha búsqueda yo no estaba cerca de encontrar a mi *alma gemela*.

Durante mi época en la secundaria y la universidad, solo era un conocido para las chicas. Aunque eso me molestó durante un tiempo, después pude apreciar las situaciones de las que Dios me libró. Poco sabía entonces que mi momento vendría.

Cuando crucé las puertas como estudiante en el instituto bíblico, finalmente mis prospectos para esposa tomaron un giro más prometedor. Antes de que pudiera deletrear la palabra *matrimonio*, yo tenía a un grupo de mujeres alrededor que parecían esperar a que yo me acercara a ellas con intenciones matrimoniales. Estas mujeres se iluminaban como luciérnagas cuando yo pasaba alrededor, ¡y eso me gustaba! Entre los hermosos prospectos había una chica italiana, una de Singapur, una irlandesa y una rubia sureña estadounidense. Mi dilema se había vuelto internacional.

Pero, ¿qué hace un hombre que actúa conforme al corazón de Dios en esa situación? Lo más común es, por supuesto, escoger a la chica más linda. Esa fue mi primera inclinación. Sin embargo, esta decisión me hizo preguntarme algo interesante: ¿Es la búsqueda de una pareja solamente la selección de la mujer más bonita?

Mi felicidad llegó a un final abrupto cuando una de ellas me pidió que aclarara mis intenciones en nuestra amistad. En una banca del parque, en la mitad del campus, ella me confesó que yo le importaba, pero antes de que nuestra amistad pasara a algo más, ella quería que yo supiera algo. Ella procedió a contarme que su vida antes de conocer al Señor fue menos que honorable; ella no quería que nuestra relación continuara más allá (y en última instancia llegará al matrimonio) sin que yo supiera la verdad.

Esto me tomó fuera de base completamente, y mi cerebro no podía coordinar lo que mis oídos estaban escuchando. No era el pecado lo que me asombraba, sino más bien la completa honestidad y coraje de esta chica al enfrentar la incertidumbre. Ella era en verdad una mujer virtuosa, alguien determinada a honrar a Dios sin importar que el castillo de naipes se derrumbara. La gracia de Dios para con ella al liberarla de su pecado y llevarla a caminar con Él en santidad, me llamó la atención inmediatamente.

> **¿Es la búsqueda de una pareja solamente la selección de la mujer más bonita?**

Esta chica no era una extraña para mí. Ella era una participante regular en un programa de divulgación que lideré en uno de los peores lugares de Dallas, Texas. Para esa época, habíamos trabajado juntos durante varios meses en un equipo de evangelismo de la escuela y eso me permitió ver, además de nuestra charla por supuesto, que ella era arriesgada.

Esa joven irlandesa estaba arruinando mis planes de seguir conociendo a las demás chicas (algo que estaba disfrutando). Aunque ella era mi mejor amiga y nos entendíamos muy bien, no era la más bonita de todas mis amigas, ¡pero aun así estaba dispuesta a poner todo en la línea por el bien de la honestidad! Cuando pensé bien las cosas, recordé un versículo de la Biblia: *"Engañosa es la gracia y vana la belleza, pero* la mujer que teme al Señor, *ésa será alabada"* (Proverbios 31:30, LBLA). Había estado analizando todo esto de la forma equivocada. Cuán engreído y vanidoso era; lo que necesitaba era una mujer que temiera a Dios y me amara de verdad.

Para mí fue un desafío encontrar a la compañera elegida por Dios para mi vida. Creo que todo se resume en que yo no amaba verdaderamente lo que Dios ama y no odiaba lo que Él odia. Esta perspectiva puede cambiar completamente la elección de un hombre para casarse. Nunca me ha dejado de asombrar cómo Dios me

> **El desafío de encontrar a la compañera elegida por Dios para nuestra vida recae principalmente en la habilidad que tengamos de amar lo que Dios ama y odiar lo que Él odia.**

salvó durante esa época crítica de decisiones en mi vida. Si había alguien que mereciera estar en un callejón sin salida en lo referente al matrimonio, ese era yo.

Poco después de esa inolvidable conversación en la banca del campus, yo también le confesé a esta chica mi pasado impío. Hacer eso me permitió abrir mi corazón (aunque al inicio no quería) con los demás y confesarles las cosas en que los había defraudado. Eso me ayudó a percatarme de cuán importante es la verdad en las relaciones personales. Desde ese momento decidimos que nunca habría ningún secreto entre nosotros. ¡Cuántas gracias le doy a Dios por la vida de aquella irlandesa que Él había guardado para mí!

Hace poco celebramos 25 años de casados, en los cuales el Señor nos ha permitido experimentar un gran gozo. Hasta el día de hoy ella me sigue sorprendiendo con su honestidad y su amor por Jesús. Ella es el alma de nuestra familia, y aún cautiva mis ojos y mi corazón. Aparte de mi vida nueva en Cristo, no hay nada que me produzca más alegría que mi relación con mi esposa. A través de los años he reflexionado sobre mis elecciones en la vida, las buenas y las malas, y ninguna ha sido de más bendición que haberla elegido a ella como mi cónyuge.

Quisiera motivarlos a ustedes, hombres en búsqueda de una esposa, a que no busquen. Mi egoísmo y activa búsqueda solo me trajeron confusión y ansiedad, tratando de lograr mis objetivos envidiosos en el proceso. En lugar de esto, pídale a Dios que llene su corazón de Su Palabra y de Su voluntad; solo de esa forma usted hará una decisión sabia y podrá gozarse en el futuro con un matrimonio piadoso que bendiga al Señor y traiga alegría a su corazón.

Su Equipo

Usted va a necesitar una *ayuda idónea* que lo apoye en su *trabajo de vida*. Esto no significa que si usted es alguien que repara techos, ella tendrá que cargar las tablas arriba de la escalera o algo por el estilo, pero sí significa que su esposa tendrá que apoyarlo plenamente en su vocación.

> " Usted va a necesitar una ayuda idónea que lo apoye en su trabajo de vida. "

En la historia que acabamos de leer, podemos darnos cuenta de que Jerry y su futura novia estaban en el mismo canal respecto al amor por la evangelización y la verdad. Incluso, aún lo están aunque han pasado muchos años desde su matrimonio. Ellos compartieron un sueño, unos ideales y una esperanza. Eso forma las bases para una relación que dará buenos frutos.

No olvide que usted y su esposa deben construir un equipo que tenga metas en común y reme hacia el mismo lado. No solo hablo de los propósitos espirituales (los cuales evidentemente son los más importantes), sino de los proyectos que juntos puedan tener para que su familia crezca cada día y pueda ser de bendición a quienes los rodean.

♥♥♥

El trabajo en equipo construye el carácter. Eso es algo que se puede percibir desde lejos en la vida de una pareja.

TIEMPO DE ESTUDIO

Proverbios 22 es uno de mis capítulos favoritos de la toda la Biblia. Le recomiendo que lo lea y lo estudie. Trate de memorizar varios versículos. La sabiduría encontrada en ellos lo ayudará a caminar con el Señor en obediencia y santidad. Añada esto a su cuaderno de estudio de Proverbios.

Hombre de un Galón

Usted comenzará su matrimonio como un *hombre de un galón*. Es posible que crezca para ser un *río de vida* o puede encogerse para ser solo un charco en el piso, dependiendo de las decisiones que tome en el día a día. Solo la Palabra de Dios y el amor por su esposa podrán lograr que usted no se conforme con ese galón y se esfuerce para continuar llenándose del agua de vida que le permita continuar creciendo en la gracia del Salvador.

Con sabiduría se
edificará la casa, y con
prudencia se afirmará.
Proverbios 24:3

El joven que honre a Dios será bendecido; el hombre que no honre a Dios solo puede esperar problemas.

Capítulo 13

El hombre bendecido

Algunos hombres jóvenes quieren la bendición de Dios para casarse, pero ellos se sientan en la noche a perder el tiempo en cosas que no edifican y no leen la Palabra de Dios, para que el carácter de Cristo se forme en ellos. Otros chicos son perezosos y están esperando que Dios les envié milagrosamente una chica para que puedan casarse. No deberían confiarse pensando que eso va a ocurrir. Incluso, algunos están atados a la pornografía y piensan que Dios les va a da una mujer piadosa. Lo siento amigo, eso no va a pasar a menos que usted deje su pecado y se arrepienta. No juegue con Dios y con Su Palabra. El joven que honra a Dios será bendecido; el hombre que no honra a Dios solo puede esperar problemas.

Esta es la historia de un hombre bendecido. Él vino de una familia de drogadictos y nunca había escuchado el evangelio hasta que tuvo 17 años. Cuando el Señor lo salvó, él comenzó a caminar con Cristo en verdad y honor. Mi familia y yo lo conocemos, por eso podemos dar testimonio de que su vida ha sido bendecida en gran manera. Escuchemos su historia en sus propias palabras.

Las Anécdotas de TJ

¿Encontrar una esposa? ¿Escoger una esposa? ¡Vaya! ¿Dónde comienzo? Pues bien, lo primero que puedo decir es que la decisión de casarse es una de las más importantes de la vida y, por ende, no debe tomarse a la ligera. No conozco nada que demande tal compromiso de por vida como lo hace el matrimonio. Es algo a tiempo completo; es un esfuerzo 24/7. A veces me siento espantado y asombrado al ver cuán ligeramente las personas abordan este asunto, pero lo cierto es que muchas de las cosas que ocurran en nuestra vida espiritual, social y económica estarán determinadas por nuestra compañera de vida. A pesar de esta realidad, la mayoría de los chicos se rehúsa a escuchar un buen consejo. Muchos de ellos se dejan llevar por sus pasiones juveniles y piensan que para casarse solo es importante escoger a una mujer hermosa.

> " Escoja a su esposa usando la sabiduría que la Palabra de Dios nos enseña. "

Algunos dicen que usted debe conocer muy bien a una persona para considerar casarse con ella. Eso es cierto; sin embargo, quisiera que usted considerara que conocerse a sí mismo puede ser igual de importante que conocer al otro al momento de casarse. Devolvámonos un poco y le explicaré por qué.

Primero que todo, recuerde que Dios creó al hombre para sojuzgar la tierra. Adán estaba ocupado cumpliendo la misión de Dios cuando el Señor dijo que no era bueno que él estuviera solo. Es importante que usted se encuentre haciendo lo que Dios le ha mandado hacer aun antes de que considere casarse. En lugar de intentar descubrir cuál es el tipo de chica para su vida, usted debería hacer que su mayor prioridad sea la voluntad del Señor. No olvide lo que dice Mateo 6:33: *"Mas buscad primeramente el reino de Dios y su justicia, y todas estas cosas os serán añadidas"*.

Cuando me casé con Kham, yo tenía 30 años. No fue fácil para mí estar solo todo ese tiempo. De hecho, había estado buscando y considerando a docenas de chicas durante más de 12 años. ¡En verdad que me siento feliz al saber que esos días han quedado en el pasado!

Mi cronología de vida podría resumirse de la siguiente forma:

18 Años: El Señor me salvó por su gracia.

18-20: Estudio extensivo de la Palabra de Dios, mientras trabajaba como constructor.

20: Llamado de Dios para servir en una misión extranjera (sin ninguna idea clara de hacia dónde o cuándo).

20-24: Entrenamiento de tiempo completo especializado en la Biblia y las misiones.

25: Dios puso en mi corazón servir en un país asiático.

25-27: Estudio de tiempo completo del lenguaje que se habla en ese país asiático.

27: Inicio de la traducción de la Biblia en ese mismo lenguaje.

30 Años: Matrimonio con Kham, quien después se convirtió en mi jefe, secretaria, administradora general e intermediaria cultural.

Tengo una esposa impresionante. Ella encaja conmigo como un guante. Apenas puedo recordar cómo era mi vida antes de conocerla. Kham me hace citar con confianza Proverbios 12:4: "La mujer virtuosa es corona de su marido". Gracias a ella soy un hombre bendecido.

♥♥♥

Prepara tus labores fuera, y disponlas en tus campos, y después edificarás tu casa.

PROVERBIOS 24:27

Cómo Convertirse en un hombre **bendecido**:
Salmo 1

En este pasaje encontramos un resumen acerca de cómo podemos buscar el bien y guardarnos del mal. Examinemos un poco el texto:

Primer NO:

*"Bienaventurado el varón que **no anduvo** en consejo de malos…"*

¿Quiénes son los malos? Cualquiera que no honre a Dios o no crea en Su Palabra.

¿Qué es consejo? Recibir una sugerencia en cualquier asunto, ya sea en cómo hacer dinero, cómo reconstruir su matrimonio, cómo criar a sus hijos, etc.

Los consejeros influencian a las personas en cuanto a cómo piensan, en lo que hacen y en cómo viven. La gente cree que todo lo que ellos piensan es autónomo, pero lo cierto es que siempre somos influenciados por alguien. Todo lo que toca nuestra mente nos influencia y puede interferir en los patrones de pensamiento. Películas, videojuegos, libros, profesores e incluso las noticias están moldeando la forma en la que vemos la vida. Nuestras comunicaciones diarias se han convertido en nuestras consejeras constantes, formándonos y moldeando lo que está en nuestra mente.

En el libro *Malentendiendo Problemas Mentales*, el Dr. Timothy Scott Rampey demuestra cuán crédulas son las personas realmente. Él dice: "Hemos sabido desde hace mucho que la mayoría de las personas fácilmente acepta los resultados de las pruebas psicológicas, incluso pruebas falsas. Además, sabemos que cuando los resultados de las pruebas psicológicas son compartidos, sin importar que sean falsos, la vida de aquellos que reciben esa retroalimentación puede ser dramáticamente impactada".

Por ejemplo, es más efectivo darles, a cadetes navales, una prueba psicológica por teléfono, haciéndoles pensar que ellos pueden superar rápidamente el mareo y desempeñarse bien en el mar, que darles "la píldora, los parches y los supositorios que los fisioterapeutas prescriben". No lo olvide: usted es el producto de todo aquello que pone en su mente. No tome malos consejos.

Segundo NO:

*"Bienaventurado el varón que **no anduvo en consejo de malos**, ni estuvo en camino de pecadores…"*

Estuvo indica pasar tiempo con, encontrar a alguien que piensa igual y compartir intereses comunes con aquellos que no aman ni honran a Dios.

Escoger bien a las personas con las que compartimos nuestra vida es muy importante. El libro de Proverbios nos habla mucho de eso. Una mala amistad puede llevarnos a perder nuestra familia. La destrucción viene de la mano de nuestras decisiones; decisiones como estar en camino de pecadores.

Tercer NO

*"Bienaventurado el varón que no anduvo en consejo de malos, ni estuvo en camino de pecadores, **ni en silla de escarnecedores** se ha sentado".*

Un hombre sentado está cómodo con su actitud. Si él se siente a gusto con los escarnecedores, eso significa que él encuentra entretenimiento en el dolor de otros. Los murmuradores y detractores son considerados como escarnecedores.

En resumen, a la luz del Salmo 1:1, existen tres cosas que no podemos hacer si queremos que el Señor nos bendiga: recibir consejo de los malos, pasar tiempo con pecadores y escarnecer a las personas.

Dos Cosas Positivas que Traen la Bendición de Dios

El pasaje continúa en el versículo dos: "*Sino que en la ley del Señor está su deleite, y en su ley medita de día y de noche*" (LBLA).

Un hombre bendecido disfruta la PALABRA de Dios. Él lee y aprende lo que el Creador nos ha revelado. La Palabra del Señor es poderosa y eficaz; cambia el alma de un hombre y le da nuevos afectos. ¿Cuáles serán entonces los resultados naturales de una vida que se somete a la Biblia? Pues bien:

"*Será como árbol plantado junto a corrientes de aguas, que da su fruto en su tiempo, y su hoja no cae; y todo lo que hace, prosperará*" (versículo 3).

El Señor nos presenta acá un maravilloso cuadro de la vida de un hombre piadoso y nos dice que es como un árbol sembrado en tierra fértil con abundante agua y sol. Es un hombre que da fruto en el tiempo de Dios y, además, recibe la bendición del Señor en las cosas que hace ("*y todo lo que hace, prosperará*").

Dios también desea que *meditemos en su ley día y noche*; de esa forma podremos guardarla en nuestro corazón para no pecar contra Él (Salmo 119: 11). Si guardamos su Palabra y la ponemos por obra seremos hombres bendecidos.

¿Qué Sucede con los malos?

El salmista continúa diciendo: "*No así los malos, que son como el tamo que arrebata el viento. Por tanto, no se levantarán los malos en el juicio, ni los pecadores en la congregación de los justos*" (versículos 4 y 5). A lo cual la Escritura agrega: "*Porque el Señor conoce el camino de los justos, mas el camino de los impíos perecerá*" (versículo 6, LBLA).

El Salmo 1 nos presenta tres cosas que Dios **no** bendice y dos que **sí** bendice; ore al Espíritu Santo para que lo ayude a tomar decisiones correctas.

> *"La mujer virtuosa es
> corona de su marido;
> más la mala, como carcoma
> en sus huesos".*
> *Proverbios 12:4*

La Biblia dice que el matrimonio
es un "gran misterio".

Capítulo 14

No hay amor más grande

♥♥♥♥♥♥♥♥♥♥♥

La Biblia dice que la iglesia es la esposa de Cristo (Apocalipsis 19:7). Además, Efesios 5: 29-32 nos habla de la relación especial que la iglesia tiene con el Salvador: *"Porque nadie aborreció jamás a su propia carne, sino que la sustenta y la cuida, como también Cristo a la iglesia, porque somos miembros de su cuerpo, de su carne y de sus huesos. Por esto dejará el hombre a su padre y a su madre, y se unirá a su mujer, y los dos serán una sola carne. Grande es este misterio; mas yo digo esto respecto de Cristo y de la iglesia".*

Es interesante que las Escrituras se refieran al matrimonio como un "gran misterio"; y no es para menos, ya que si el matrimonio de un hombre y una mujer ilustra la relación gloriosa de Cristo con la iglesia, sin duda esa es una verdad muy profunda para que nosotros la comprendamos a cabalidad.

Dios desea que nuestros matrimonios le demuestren al mundo la forma en que el ama a la Iglesia. Por esta razón la unión matrimonial tiene un valor especial delante de Dios. Como hombre, usted este llamado a amar, cuidar y sustentar a su esposa tal y como Cristo sustenta a la Iglesia.

En efecto, es un misterio que Dios haya escogido hombres pecadores para formar parte de la Iglesia, la esposa de Su Hijo, dando su vida por ellos y salvándolos de la condenación eterna. Además, todos los que hemos sido salvos por gracia y formamos parte de la *esposa de Cristo*, estaremos con él para siempre en su presencia. ¡Qué glorioso regalo! Ante esta hermosa verdad, vale la pena que usted responda la siguiente pregunta: ¿Está listo para amar a una mujer de forma sacrificial durante toda su vida y demostrarle al mundo el inmenso amor que Dios tiene por Su Iglesia?

Usted probablemente esté esperando conocer a una chica con la cual formar una *pareja celestial*. Eso está bien, pero recuerde que de este lado de la eternidad no experimentamos todas las bendiciones del cielo debido a nuestro remanente de pecado. Eso significa que debemos tener mucha paciencia y tolerancia hacia la persona que amamos. No olvide que Dios forma el carácter de sus hijos a través del matrimonio, y esto muchas veces significa dificultades. De manera que usted debe estar dispuesto no solo a disfrutar las cosas buenas, sino también a resistir con amor las que no son tan buenas.

Algunos hombres tienen un corazón mucho más paciente, debido a su naturaleza sacerdotal, y eso los ayuda a lidiar con más sabiduría a través de las dificultades que se presentan en el matrimonio. Sin embargo, el hombre dominante y el visionario también deben aprender del ejemplo del Señor Jesús y estar dispuestos a amar sacrificialmente a su esposa. Cristo amó a la Iglesia hasta la muerte, ¿está usted dispuesto a dar su vida por su cónyuge?

Casi todas las chicas llegan al matrimonio con *imperfecciones*; eso significa que usted tendrá que trabajar con su esposa para que ella crezca cada día en santidad. Parte de su responsabilidad como varón es estudiar junto a ella la Palabra de Dios y crecer juntos a la estatura de la plenitud de Cristo (Efesios 4:13). No olvide que para tener un matrimonio *celestial* es necesario esforzarse y pedir constantemente la gracia del Señor en oración.

Al leer la siguiente historia, reflexione acerca del pasaje que estudiamos en el capítulo anterior (Salmos 1). A la luz de ese texto, ¿por qué podemos decir que el hombre del siguiente relato es un hombre bendecido?

Querida Novia

Como joven a quien le encantaba orar y enseñar las Escrituras, cualquiera en mi círculo de influencia era mi *audiencia objetiva*. Sin embargo, cuando conocí a mi esposa tuve un desafío enorme. Enseñar la doctrina bíblica era algo natural para mí, pero al conocerla me sentí frustrado por mi inhabilidad de recordar cualquier cosa cuando la veía, incluso mi nombre. Afortunadamente, yo sabía perfectamente adonde ir. A través de la cortina de su abrumadora belleza, vagamente recordé que había escrito mi nombre y dirección en el frente de mi Biblia. Volviéndome allí rápidamente le dije: "¡Al! ¡Mi nombre es Al! ¡Al es mi nombre!". En este punto ella pudo haber pensado que yo le estaba gritando, pero entonces hice lo que cualquier joven predicador hubiera hecho: "¿Tienes tu Biblia? Mira conmigo 1 Corintios 11…", le dije. Y así comenzó nuestra historia.

Vi la Palabra de Dios como mi protectora. Supe que si la obedecía, Dios Todopoderoso honraría su Palabra y me protegería. Me di cuenta que le debía eso a la persona que estuviera conmigo; yo también debía protegerla y enseñarle las Escrituras. Así que antes de que hubiera un *nosotros*, usé cada oportunidad que tuve para enseñarle a mi futura esposa la Palabra de Dios. Siempre llevábamos la Biblia a cualquier lugar al que íbamos y la leíamos juntos.

> **Comencé a observar los cambios que Dios hacía en su vida.**

A medida que el tiempo pasó y mi interés por ella se incrementó, comencé a observar los cambios que Dios hacía en su vida. Supe que ella regresaría a la universidad para hacer su último año después del verano en el que nos conocimos, y la desafié a leer las Escrituras diariamente y buscar a Dios con todo su corazón. Sin haber ido nunca a la universidad, ni durante un solo día de mi vida, no tenía ni idea de la tarea que le había pedido realizar. Ella regresó a la universidad y yo volví a mi base naval. Comenzamos escribiéndonos cartas; largas cartas. Yo le predicaba desde el fondo de mi corazón en el papel y ella respondía haciéndome preguntas. Después yo estudiaba y respondía las preguntas, tratando de enseñarle algo más sobre el tema. Sus preguntas a menudo giraban en torno a la estructura del hogar, y yo no estaba lo suficientemente listo para comprender por qué ella tenía esas dudas.

Yo vengo de una familia que carecía de buenos fundamentos, pero sabía que no iba a tener una igual. Crecí en una familia de ebrios, pero oraba al Señor para que eso no fuera un problema para mí y para mis hijos. Yo creía en lo que las Escrituras dicen acerca de entrenar a mis hijos, y lo compartí con la mujer con la que quería casarme. Desde antes de contraer matrimonio, traté de que ambos tuviéramos claro que lo más importante era saber qué decía la Palabra de Dios acerca de cualquier asunto.

> El fundamento de nuestro hogar siempre ha sido preguntarnos: ¿Qué dice Dios acerca de eso?

A medida que el tiempo pasó, empecé a considerar la posibilidad de involucrarme en el ministerio; por lo tanto, también comencé a pensar si ella estaría dispuesta a apoyarme en esa labor. Si Dios me iba a llevar a la obra misionera, necesitaba saber si ella podría resistir una vida de dificultad e incomodidades. En la jerga militar, ella tendría que ser 'todoterreno'. Al parecer ella no lo era, y decidí entonces que no era la mujer apropiada (la paciencia puede ser una virtud, ¡pero nunca ha sido mi fuerte!).

Dejé el ejército con todas las intenciones de trabajar, ahorrar dinero e ir a la jungla para llevar el mensaje de salvación. Mi deseo era ser verdaderamente un misionero. Yo pensaba que ese era el plan de Dios. No fue así; al menos no la jungla. Cuando terminé la relación con ella, hice que mi familia y amigos me prometieran que si esa joven les pedía mi información de contacto, ellos no se la darían. Iba a ir a la selva y nada me iba a estorbar. Vaya, cuando miro hacia atrás me doy cuenta de lo mucho que los hombres jóvenes deben aprender. Con el tiempo aprendí que Dios no solo es muy paciente con los jóvenes, sino que también tiene cierto sentido del humor en la forma en que trata con ellos. Esto fue evidente para mí un día en que estaba trabajando en el granero.

Un sabio predicador y yo estábamos ocupados haciendo productos artesanales para vender en el mercado local durante la época de vacaciones. De repente, golpeado por un pensamiento, pregunté: "¿Mike, crees que Dios tiene sentido del humor?", a lo cual él respondió: "Por supuesto que lo tiene, tonto. Él te creó, ¿no es así?". Mientras Mike se quedó allí riendo, me fui a caminar para pensar en su sarcasmo y volver a recobrar mis colores. Caminé lentamente hasta el buzón del correo y ver si tal vez había una carta para mí (así era antes, en los viejos tiempos, cuando las personas usaban cosas como el papel, los bolígrafos, los sobres y las estampillas). No sabía de quién podría haber recibido una carta, pero fui a mirar de todas formas. ¡Divina providencia en efecto!

Cuando llegué al buzón, vi una carta dirigida a mí y me emocioné mucho. ¡Venía desde mi pueblo! ¿De quién será?, pensé. Mis familiares y amigos habían honrado su compromiso de no dar mi información de contacto si alguien la pedía. Sin embargo, ellos no esperaron eso y ¡llamaron a la chica! Ella tenía muchas preguntas, de manera que las respondí. Mis respuestas siempre comenzaron con la frase: "Hermana, Dios te bendiga por tu deseo de conocer al Señor más profundamente". Aunque había descartado la opción de casarme con ella, sabía que debía responderle conforme a las Escrituras.

A pesar de mis frías respuestas, ella se arriesgó. Comenzó a escribirme más seguido y empezó a comentarme que su fe había crecido y sus pensamientos acerca de temas como el hogar, la crianza de los bebés y la sumisión habían cambiado. Esa respuesta sin duda me llegó al corazón. Yo le escribí de vuelta, y aunque comencé como siempre con cierta frialdad, esta vez terminé diciéndole: "… deseando que el Señor te bendiga y te dé Su bendición". Oré por muchas semanas pidiéndole a Dios que me mostrara si ella era la mujer indicada para comenzar una familia. El Señor en Su gracia respondió mi oración y en su providencia nos guio para que nos uniéramos en matrimonio. Un par de meses después estábamos casados.

> **Comencé, como siempre, con cierta frialdad, pero terminé la carta de una forma diferente.**

El Señor ha llevado mi ministerio a todos lados excepto la jungla. Volví a mi amada Marina y serví a Dios desde allí durante 22 años. He dibujado cruces en la arena de las playas de Okinawa, testificando allí a niños japoneses. He entregado enseñanzas del evangelio en países musulmanes a riesgo de mi propia vida. Sin mi leal esposa y su apoyo, hubiera hecho mucho menos que eso. Ella estaba en casa orando por mí y creyendo en las promesas de Dios que habíamos estudiado desde los días en que éramos novios.

Mi *querida novia* y yo nos casamos hace un poco más de 28 años. El tiempo ha volado. Ayer estábamos pensando en tener una familia y hoy tenemos cinco maravillosos hijos que nos traen mucha alegría y orgullo, y dos nietos espléndidos a los que llamo los *hijos del trueno*.

Antes de conocer a mi esposa, quería que nuestra familia estuviera fundada y enfocada en la Palabra de Dios. Cuando la conocí, le enseñé las Escrituras por su bien, por mi bien y por nuestro bien común. Agradezco a Dios por poner ese deseo en mi corazón, ya que cuando ella vio esa actitud en mí se animó más a casarse conmigo.

Mientras que muchos de mis contemporáneos hubieran preferido ser escogidos por ser altos, morenos o apuestos, yo no me afligí con ninguno de esos malestares. Aunque mi *querida novia* es incomparablemente hermosa, ella, al igual que yo, quería un hogar que estuviera construido sobre la seguridad de la Palabra de Dios y no sobre la belleza fugaz. El Señor nos dio ese deseo en nuestros corazones y continuamos confiando en su Palabra hasta el día de hoy. En verdad soy un hombre bendecido.

NOTA: El autor de esta historia es quien escribió las 7 lecciones que están al final de este libro. Pienso que él hizo muy bien en enseñar a su futura esposa las Escrituras desde antes de casarse, así que le pedimos que nos contara su experiencia para compartirla en este libro y así mostrar un buen ejemplo de las cosas que verdaderamente importan en el proceso de buscar una *ayuda idónea*.

Cuando conocí a mi esposa, le enseñé la palabra de Dios por su bien, por mi bien y por nuestro bien mutuo.

TIEMPO DE ESTUDIO

Amor: 1 de Corintios 13

La caridad es una buena forma de mostrar amor verdadero; es la acción de amar. El amor inicia en casa. Si usted no tiene amor hacia su esposa, entonces usted no tiene el carácter cristiano. Dios usa un capítulo entero de Las Escrituras para describir qué es el amor. Abra su Biblia y lea 1 de Corintios capítulo 13.

Los primeros tres versículos nos dicen lo que no es el amor. No es tener el don de la profecía o una grandiosa fe; el amor no es la simple acción de dar nuestro dinero o incluso sacrificar nuestra vida por otro.

Por otro lado, en los versículos 4 al 8 encontramos qué es el amor: *"El amor es sufrido, es benigno; el amor no tiene envidia, el amor no es jactancioso, no se envanece; no hace nada indebido, no busca lo suyo, no se irrita, no guarda rencor; no se goza de la injusticia, mas se goza de la verdad. Todo lo sufre, todo lo cree, todo lo espera, todo lo soporta. El amor nunca deja de ser…"*.

Es importante notar que una señal del amor y la madurez se encuentra en el versículo 11: *"Cuando yo era niño, hablaba como niño, pensaba como niño, juzgaba como niño; mas cuando ya fui hombre, dejé lo que era de niño"*. Esto significa que como hombres maduros que buscan amar a su esposa, debemos dejar atrás cosas que no correspondan con nuestra edad.

El versículo 12 nos dice: *"Ahora vemos por espejo, oscuramente; mas entonces veremos cara a cara. Ahora conozco en parte; pero entonces conoceré como fui conocido"*. Debemos caminar por fe, honrando a Dios y amando a nuestra esposa, incluso cuando ella no es tan dulce y amable. Hemos hecho un compromiso de amar y continuar amando sin importar las circunstancias. No lo olvide: el amor nunca deja de ser.

La conclusión del capítulo 13 nos recuerda que aunque podemos creer que hemos tenido éxito en la vida, lo cierto es que si no hemos sido amorosos hacia la persona más cercana a nosotros, nuestro cónyuge, entonces todo ha sido en vano: *"Y ahora permanecen la fe, la esperanza y el amor, estos tres; pero el mayor de ellos es el amor"* (vr. 13).

"El amor nunca deja de ser".
1 Corintios 13:84

El hierro se afila con el hierro,
y el hombre en el trato con el hombre.
Proverbios 27:17, (NVI).

Capítulo 15

Que yo pueda ser como Él

♥♥♥♥♥♥♥♥♥♥♥♥

Porque toda la ley en esta sola palabra se cumple: Amarás a tu prójimo como a ti mismo. Gálatas 5:14

Nuestro propósito en la tierra es desarrollar el carácter de Cristo; debemos amar a otros y sacrificarnos por el beneficio de ellos, especialmente por las personas que tenemos a cargo. Esa debe ser una aptitud que nos identifique como hombres de Dios.

Es triste pensar que algunos varones olvidan eso y en vez de centrarse en luchar contra el mundo, la carne y el diablo, ellos han incluido en esa lista a su cónyuge. Lo que ellos no han entendido, es que Dios usa a sus esposas para formar el carácter de Cristo en ellos. Es precisamente la dificultad que se presenta en la vida matrimonial la que permite que confrontemos lo que decimos creer con lo que verdaderamente creemos.

El carácter se forma a medida que nos enfrentamos a las dificultades y a la tentación de buscar nuestro beneficio por encima del bienestar de los demás. El matrimonio proporciona conflictos debido a nuestro pecado. No es fácil juntar dos pecadores, aunque sean creyentes y hayan sido redimidos, y hacer que compartan de una forma tan íntima sin que esto acarree conflictos a veces.

No existe ningún otro ambiente que ponga más a prueba la paciencia de un ser humano que la familia. En ella no podemos aparentar. Aunque un hombre pueda engañar a quienes le rodean mostrándose bueno y piadoso, él nunca podrá engañar a su esposa. Todo aquello que esconda en público lo liberará en su casa. Estar con una persona todos los días, semana tras semana y año tras año, revelará el verdadero corazón de alguien. Podríamos decir entonces que el matrimonio es una carrera de obstáculos para el corazón.

> El carácter se forma a medida que nos enfrentamos a las dificultades y a la tentación de buscar nuestro beneficio por encima del bienestar de los demás.

Solo existen dos posibilidades para un creyente después de casarse: o crece junto a su cónyuge a la medida de la plenitud de Cristo (Efesios 4:13), o toma un camino de pecado lejos de la humildad que caracteriza a los hijos de Dios.

Usted necesita una mujer que haga que la batalla diaria sea más llevadera, no una con la que pelee todo el tiempo. El matrimonio une a dos personas de una forma tan cercana que los involucrados no pueden esconder lo que son. Sus padres creen conocerlo a usted completamente, pero no es así. Incluso usted mismo se dará cuenta en el matrimonio de cosas de su carácter que antes no conocía.

Su esposa pondrá a prueba su paciencia y tal vez lo lleve a los límites. La vida es una clínica del carácter y el matrimonio es la sede principal. El matrimonio puede ser una *zona cero*, en donde una persona muele al otro hasta convertirlo en polvo, o puede ser una *sucursal de cielo*, es decir, un lugar donde los cónyuges se santifican el uno al otro para crecer como hijos de Dios. Así como el *"hierro se afila con el hierro"* (por el proceso en el que dos superficies duras hacen fricción entre ellas), de la misma forma el esposo y la esposa se formarán el uno al otro, aunque el proceso sea un poco doloroso. Con el tiempo, los matrimonios mejoran o empeoran; de manera que usted siempre debe dar los pasos adecuados para evitar que las cosas tomen un mal camino.

Es importante que usted entienda que en el matrimonio ambos deben ir hacia al mismo lado. Parece una expresión obvia, pero muchos no siguen ese consejo. No se trata solo de unir sus cuerpos; ustedes también deben unir sus almas. Ahora deben hablar de 'nosotros' y no de 'ella' y 'yo'. Cuando la tierra y el cemento se mezclan ya no tenemos tierra ni cemento, ahora tenemos algo mucho más fuerte: el concreto. Y, como sabemos, ese es el mejor material para construcción. Únase a su esposa y los dos serán mucho más fuertes como familia.

> Usted se dará cuenta en el matrimonio de cosas de su carácter que antes no conocía.

Adán falló y desobedeció a Dios, pero el Señor en Su misericordia envió a Su Hijo a la tierra para que Él, siendo el segundo Adán (Romanos 5:14), pudiera obedecer a Dios perfectamente. Jesús vivió 33 años y nunca pecó, y después de eso entregó su vida en la cruz para redimir a Su pueblo y salvarlo de sus pecados. Después, Él resucitó de los muertos y ahora está sentado a la diestra del Padre. Cuando Cristo ascendió al cielo envió al Espíritu Santo para que morara en los creyentes y ahora Él (Juan 14:26) trabaja desde nuestro interior para formar el carácter de Jesús en nosotros, y eso incluye en gran parte nuestra vida matrimonial.

> El matrimonio es una carrera de obstáculos para el corazón.

La voluntad de Dios

La voluntad de Dios es que usted cuide a su esposa y la guíe a la luz de la Palabra de Dios. Eso es más importante que cualquier otro llamado que usted tenga; incluso es más importante que su ministerio. Cuando esté casado esa debe ser su prioridad. Si usted es predicador o misionero, su primera misión debe ser su esposa y sus hijos. El ministerio inicia en casa y es posible ser descalificado para el servicio al Señor si su hogar no está en orden (1 Timoteo 3:4).

> No se trata solo de unir sus cuerpos; ustedes también deben unir sus almas. Ahora deben hablar de 'nosotros' y no de 'ella' y 'yo'.

La unión de hombre y mujer en un matrimonio es el proceso de dos convirtiéndose en uno: "y los dos serán una sola carne; así que no son ya más dos, sino uno. Por tanto, lo que Dios juntó, no lo separe el hombre" (Marcos 10:8-9). No hay entonces ninguna duda de por qué Dios llamó a esta gloriosa unión un misterio, ¡un gran misterio!

Haga un esquema de este pasaje como si fuera a enseñarlo en un grupo pequeño:

Hermanos, yo mismo no pretendo haberlo ya alcanzado; pero una cosa hago: olvidando ciertamente lo que queda atrás, y extendiéndome a lo que está delante, prosigo a la meta, al premio del supremo llamamiento de Dios en Cristo Jesús. Así que, todos los que somos perfectos, esto mismo sintamos; y si otra cosa sentís, esto también os lo revelará Dios. Pero en aquello a que hemos llegado, sigamos una misma regla, sintamos una misma cosa. Hermanos, sed imitadores de mí, y mirad a los que así se conducen según el ejemplo que tenéis en nosotros. Porque por ahí andan muchos, de los cuales os dije muchas veces, y aun ahora lo digo llorando, que son enemigos de la cruz de Cristo; el fin de los cuales será perdición, cuyo dios es el vientre, y cuya gloria es su vergüenza; que sólo piensan en lo terrenal. Mas nuestra ciudadanía está en los cielos, de donde también esperamos al Salvador, al Señor Jesucristo; el cual transformará el cuerpo de la humillación nuestra, para que sea semejante al cuerpo de la gloria suya, por el poder con el cual puede también sujetar a sí mismo todas las cosas (Filipenses 3:13-21).

La mujer virtuosa es corona de su marido;
más la mala, como carcoma en sus huesos.
Proverbios 12:4

Capítulo 16

La esposa maravilla

¿Está buscando una ayuda idónea casi perfecta? Pues bien, la Biblia la describe con detalle. Ella es la *esposa maravilla*.

Lo mejor que podemos hacer cuando estamos en busca de una Ayuda Idónea es usar Proverbios 31 como nuestra guía; éste pasaje describe con detalle las virtudes de una esposa excelente. El versículo 1 nos dice que el Rey Lemuel escribió en este capítulo lo que su madre le enseñó. En el versículo 3 ella le dice que algunas mujeres habían destruido reinos, y debido a eso él debía cuidarse y no darles su fuerza a ellas. En los versículos 4 y 5 ella le recuerda que las bebidas fuertes (el alcohol en general) ocasionarían que se olvidara de la ley y pervertiría el buen juicio. En los versículos 6 y 7 ella le dice a su hijo cuándo se le puede dar al alcohol un uso que valga la pena, es decir, éste se le puede proporcionar a aquellos que están listos para perecer o aquellos cuyas vidas son tan miserables que todo lo que pueden hacer es olvidar quiénes son. En el versículo 8 ella le recuerda que debe acordarse de aquellos que no pueden hablar por ellos mismos. En el versículo 9 le dice que siempre debe defender el justo juicio.

Después ella le recordó la importancia de encontrar una mujer piadosa y le dijo qué características le permitirían reconocerla cuando la viera. Esa, como sabemos, es la parte más recordada de Proverbios 31.

La Mujer Virtuosa

Mientras usted lee Proverbios 31, pídale al Señor que envíe a su vida una esposa con estas cualidades:

10 *Mujer virtuosa, ¿quién la hallará? Porque su estima sobrepasa largamente a la de las piedras preciosas.*

11 *El corazón de su marido está en ella confiado, y no carecerá de ganancias.*

12 *Le da ella bien y no mal todos los días de su vida.*

13 *Busca lana y lino, y con voluntad trabaja con sus manos.*

14 *Es como nave de mercader; trae su pan de lejos.*

15 *Se levanta aun de noche y da comida a su familia y ración a sus criadas.*

16 *Considera la heredad, y la compra, y planta viña del fruto de sus manos.*

17 *Ciñe de fuerza sus lomos, y esfuerza sus brazos.*

18 *Ve que van bien sus negocios; su lámpara no se apaga de noche.*

19 *Aplica su mano al huso, y sus manos a la rueca.*

20 *Alarga su mano al pobre, y extiende sus manos al menesteroso.*

21 *No tiene temor de la nieve por su familia, porque toda su familia está vestida de ropas dobles.*

22 *Ella se hace tapices; de lino fino y púrpura es su vestido.*

23 *Su marido es conocido en las puertas, cuando se sienta con los ancianos de la tierra.*

24 *Hace telas, y vende, y da cintas al mercader.*

25 *Fuerza y honor son su vestidura; y se ríe de lo por venir.*

26 *Abre su boca con sabiduría, y la ley de clemencia está en su lengua.*

27 *Considera los caminos de su casa, y no come el pan de balde.*

28 *Se levantan sus hijos y la llaman bienaventurada; y su marido también la alaba:*

29	*Muchas mujeres hicieron el bien; mas tú sobrepasas a todas.*

30	*Engañosa es la gracia, y vana la hermosura; la mujer que teme a Jehová, ésa será alabada.*

31	*Dadle del fruto de sus manos, y alábenla en las puertas sus hechos.*

¿Qué es una virtud? En primer lugar, virtud es pureza moral. Sin embargo, la definición bíblica es más amplia que eso. Virtud también es algo que es altamente valorado por sus excelentes cualidades. La mujer de Proverbios 31 es pura y moral, pero ella es más que eso. Una mujer puede tener virtud moral pero incluso así no ser una buena esposa. Ser santa de carácter y valiosa como ayuda idónea es la combinación de virtud y amor.

Proverbios 31:10-31, Versículo por Versículo

10- *Mujer virtuosa, ¿quién la hallará? Porque su estima sobrepasa largamente a la de las piedras preciosas.*

El pasaje inicia con el tema en cuestión: la dificultad de encontrar a una mujer virtuosa. La expresión *"quién la hallará"* nos deja eso claro. En este punto quisiera hacerle una pregunta: ¿Está usted buscando verdaderamente una mujer virtuosa? Muchos hombres no. Ellos están buscando principalmente una mujer hermosa, no una mujer piadosa.

¿Qué tipo de chicas le atraen? ¿Ha pensado casarse con una mujer que no es creyente? Si es así, entonces la dificultad de encontrar una mujer virtuosa no ha sido de mayor preocupación para usted. Si coquetea con la locura, caerá en ella.

En la segunda parte del texto leemos: *"…Porque su estima sobrepasa largamente a la de las piedras preciosas"*. En las Escrituras encontramos en tres ocasiones que el valor de la sabiduría sobrepasa al de las piedras preciosas (Job 28:18; Proverbios 3:13-15; Proverbios 8:11), y acá leemos que el valor de una mujer virtuosa sobrepasa

"largamente" al de las piedras preciosas. Si nosotros valoramos lo que Dios valora buscaremos diligentemente a una mujer virtuosa, y dejaremos pasar a aquellas mujeres lindas que no conocen al Señor ni caminan en santidad.

Recuerdo una historia que escuché en nuestro ministerio acerca de un hombre que estaba buscando una novia. Por medio de un amigo, él escuchó acerca de una mujer realmente hermosa y piadosa. Sus padres habían mencionado el nombre de ella varias veces, obviamente lanzando una indirecta, así que él decidió llamar a algunos amigos que la conocían y preguntarles su opinión sobre ella. Todos estuvieron de acuerdo en que era una chica piadosa, la cuál sería muy compatible con él. Eso sonaba prometedor. Él manejo varias horas un domingo en la mañana para visitar la iglesia donde ella asistía. La chica era muy hermosa, mucho más bella de lo que le habían dicho. Después del servicio, él se presentó ante su familia como amigo de un conocido, lo cual resultó en una invitación a una cena familiar. Todo estaba saliendo según lo planeado. Sus grandes y oscuros ojos, y su deslumbrante sonrisa, lo cautivaron toda la tarde y él comenzó a sentir un hormigueo en su estómago. ¿Podría ocurrir algo mejor?

Un amigo le había dicho que siempre viera el perfil de una chica en Facebook y Twitter antes de seguir adelante en una relación, porque las redes sociales revelan mucho acerca de alguien. Él nunca había abierto un perfil en redes sociales, pero decidió usar la cuenta de la hermana de su amigo para averiguar sobre la hermosa chica. Lo que ella escribía no era malo, y las fotos que ella publicaba no era indecorosas, pero su vida en conjunto parecía ser una sonata vacía. Las cosas que compartía eran un poco *huecas*; no hablaba mucho acerca de Dios o de temas interesantes y sus conversaciones carecían de virtud. Él la visitó de nuevo esperando recuperar ese brillo que había visto la primera vez que charlaron, pero esta vez escuchó un lado de ella que no había notado antes. El hormigueo en su estómago desapareció.

Otra chica, no tan bonita como la que sus amigos le habían recomendado, cautivó su atención poco tiempo después. Cuando él averiguó cosas de ella en las redes sociales, descubrió que era una mujer virtuosa y tenía madera para ser una buena esposa. Hoy, ellos están casados y aquella chica que no era tan famosa como otras, lo bendice al ser una excelente esposa y madre.

La mayoría de hombres jóvenes no tienen sabiduría al momento de escoger una ayuda idónea. Lo que ellos deberían buscar es una chica virtuosa; solo eso les permitirá tener un matrimonio que honre a Dios y sea de beneficio en sus vidas. Cuando las tormentas de la vida lleguen, la virtud de su esposa le brindará el descanso necesario para continuar en la buena batalla de la fe. Sin embargo, una mujer de poca virtud puede ser una carga pesada que haga que la lucha diaria contra el pecado sea incluso más difícil. No olvide las palabras del apóstol Pablo en 2 Corintios 6:14: *"No os unáis en yugo desigual con los incrédulos; porque ¿qué compañerismo tiene la justicia con la injusticia? ¿Y qué comunión la luz con las tinieblas?"*.

11- *El corazón de su marido está en ella confiado, y no carecerá de ganancias.*

No hay mayor bendición para un hombre que confiar en su esposa. En un mundo de pecado, una mujer confiable es un verdadero tesoro. Esa es la primera virtud de la mujer de Proverbios 31. Además, las Escrituras agregan que el esposo "no carecerá de ganancias" al estar junto a ella, algo que puede estar relacionado tanto con la habilidad administrativa de su esposa (ver versículos 12-19), como con la alegría que ella trae a su corazón.

12- *Le da ella bien y no mal todos los días de su vida.*

Tenga en cuenta que la virtud de esta mujer se puede ver en lo que le brinda a su esposo ("le da bien y no mal"), algo que los siguientes versículos nos permitirán comprender mejor. Una mujer piadosa le da a su marido cosas buenas (amor, cuidado, ayuda, etc.), pero ese "bien" que ella puede ofrecerle solo se encuentra en el corazón de alguien que teme a Dios y vive para él; es decir, eso es algo que solo una mujer creyente puede hacer.

13- *Busca lana y lino, y con voluntad trabaja con sus manos.*

24- *Hace telas, y vende, y da cintas al mercader.*
Ella es la 'encargada del hogar'; ella es quien cuida a los hijos, limpia la casa y prepara los alimentos. Sin embargo, ella también encuentra tiempo para buscar los mejores precios en lana y lino, los cuales ella después hila y teje (Proverbios 31:19) hasta convertirlos en finas telas que después vende (31:24).

Tal vez no existen muchas mujeres hoy en día que trabajen hilando y tejiendo, pero a pesar de eso este pasaje nos recuerda la importancia de una mujer laboriosa y emprendedora. Además, el texto también nos dice *"con voluntad trabaja con sus manos"*. Esta frase elimina a muchas chicas de la lista de mujeres virtuosas, ya que actualmente una gran cantidad de jóvenes no quieren hacer nada. Ahora bien, esto no se trata necesariamente de una contribución financiera, sino de una cuestión de carácter y autoestima. Existe una virtud moral en ser alguien trabajador.

> Lo importante es que ella sea laboriosa y emprendedora.

Adicionalmente, una mujer trabajadora es mucho más agradable que una perezosa. Una mujer que está alcanzando metas y haciendo cosas valiosas se sentirá mejor consigo misma y con el ambiente que la rodea; es decir, su hogar será un lugar más tranquilo.

La primera misión y responsabilidad de una mujer es ser la 'encargada del hogar', y aunque la mayoría de sus energías estarán enfocadas en enseñar a los hijos y mantener las cosas en orden, ella también puede usar sus talentos para hacer algo extra. Incluso, con el tiempo ella puede involucrar a los niños en algunos de sus proyectos, lo cual será una situación gana-gana para todos.

Desde antes de casarse, usted puede darse cuenta si una mujer es laboriosa. Pregúntese qué hace con su tiempo libre la chica que usted desea como esposa. ¿Lo invierte sabiamente? No olvide que el matrimonio es como una bicicleta construida para dos, el esposo la monta al frente y controla la dirección, pero existen dos juegos de pedales y la bicicleta completa irá más rápido si los dos están pedaleando. Además, ambos deben inclinarse en la misma dirección, de lo contrario se caerán en la primera curva.

14- *Es como nave de mercader; trae su pan de lejos.*

Una mujer sabia es muy selectiva e innovadora al proveer a su familia con buena comida de distintos lugares. Esto es más importante de lo que usted se puede imaginar. Sabemos que varias de las cosas que comemos no siempre son cosechadas cerca a nuestro lugar de residencia, de manera que es necesario traerlas *"de lejos"*. Una esposa virtuosa sabrá dónde adquirir alimentos que no se consiguen con facilidad, y tal vez los consiga a muy buen precio, algo que ayudará a que la familia se alimente de forma saludable.

15- *Se levanta aun de noche y da comida a su familia y ración a sus criadas.*

Esto es algo muy bueno para nosotros los que nacimos en el sur de los Estados Unidos y disfrutamos unas ricas galletas horneadas en la noche. Imagine un delicioso postre antes de acostarse (ya sé que no es muy saludable pero aun así es muy sabroso); ¡mmm!, se me hace agua la boca. No hay duda, ¡a los hombres se nos conquista por el estómago!

Recuerdo que en mi juventud tenía que viajar en un bus durante hora y media para llegar a la escuela pública. Cada mañana me despertaba antes del amanecer por el olor a galletas y avena recién cocinada, o por el olor de los huevos y el arroz. Tan pronto me salía de la cama y me vestía, corría a la mesa para tomar mi desayuno. Todo eso me demuestra que mi madre fue una mujer virtuosa. Hubo épocas de mucha escasez en la casa durante mi niñez, pero aun así mi mamá nunca dejó de prepararnos una comida. Aunque no comiéramos mucha carne, siempre tuvimos frijoles y pan de maíz y algunos vegetales frescos durante la temporada de cosecha. Le agradezco a Dios por ella y por ese ejemplo que me dio al ser una mujer que se preocupaba por el sustento de su familia.

16- *Considera la heredad, y la compra, y planta viña del fruto de sus manos.*

Esta mujer analiza cuidadosamente el mercado inmobiliario y hace una sabia decisión al comprar tierra. Después hace que ésta produzca ganancias al sembrar una viña que generará más ingresos. ¡Ella es una sabia administradora! Recuerde, no es bueno casarse con una mujer perezosa. No espere que el amor transforme a una chica negligente en una mujer trabajadora.

17- *Ciñe de fuerza sus lomos, y esfuerza sus brazos.*

Ceñirse los lomos significa estar listo para trabajar. Además, el pasaje también dice que ella *"esfuerza sus brazos"*, lo cual nos indica que está dispuesta a hacer trabajo físico. Esto, claro está, no significa que una mujer haga las labores físicas de la casa (ese es trabajo del hombre), pero sí significa que en caso de ser necesario ella puede hacer una labor que requiera cierto esfuerzo.

18- *Ve que van bien sus negocios; su lámpara no se apaga de noche.*

19- *Aplica su mano al huso, y sus manos a la rueca.*

Este pasaje hace énfasis en su determinación y compromiso para ser productiva. El huso y la rueca se refieren a hilar y tejer. De nuevo, tal vez muy pocas mujeres en el mundo occidental hilan y tejen actualmente, pero el principio continúa siendo el mismo. Una mujer virtuosa es una buena administrada y se esfuerza al momento de llevar a cabo sus proyectos, incluso si eso incluye trabajar en la noche (versículo 18b)

Diligencia es la palabra que viene a mi mente cuando leo este pasaje. Esta mujer tiene un fuego interior que la lleva a continuar. Ella no espera a que las cosas estén bien, ella trabaja para arreglarlas.

El versículo 19 dice "Aplica su mano al huso, y sus manos a la rueca", indicándonos que trabaja manualmente; ella no solo sueña, hace las cosas con sus propias manos. ¡Qué chica!

Es posible que usted sea uno de esos muchachos a los que no les importa dejar una marca en el mundo, y tal vez espera que su esposa sea igual. Si es así, entonces por favor no se case con una mujer virtuosa que esté dispuesta a quedarse despierta toda la noche para llevar un nuevo proyecto a la realización. Usted solo sería una carga para ella.

> Ella no espera a que las cosas estén bien, ella trabaja para arreglarlas

20- *Alarga su mano al pobre, y extiende sus manos al menesteroso.* Esta mujer es el paquete completo. No solo es trabajadora y cuida de su familia, sino que también se toma el tiempo para hacer labores caritativas con los pobres y necesitados. Ella no solo trabaja hasta el cansancio para poder salir adelante financieramente, ella también tiene un corazón compasivo hacia los menos afortunados.

He observado a jovencitas perder su tiempo y dejar pasar muchas oportunidades de servicio a otros; ellas simplemente viven para sí mismas. Cuando se casan, no son más útiles de lo que fueron antes del matrimonio. Ellas se están entrenando a sí mismas para **no** ser virtuosas. Abra bien sus ojos y observe desde antes del matrimonio el carácter de aquella mujer con la que se quiere casar, es probable que usted se esté dirigiendo hacia el desastre. Busque una mujer

> Una chica soltera compasiva y productiva es una esposa compasiva y productiva.

Busque una mujer compasiva que extienda su mano en amor y servicio a los demás; busque una mujer virtuosa.

21- *No tiene temor de la nieve por su familia, porque toda su familia está vestida de ropas dobles.*

22- *Ella se hace tapices; de lino fino y púrpura es su vestido.*
En las Escrituras, las ropas dobles están asociadas con belleza y finura. Eran una forma de describir el bienestar y el prestigio. Esta mujer virtuosa que hila y teje su propia tela, viste a su esposo e hijos con los mejores y más cálidos vestidos.

Además, ella se viste de lino fino y púrpura, lo cual nos habla de su elegancia y pulcritud. Ella no se viste de forma provocativa o sensual; por el contrario, es una mujer que cumple con el mandato de 1 Timoteo 2:9: *"Asimismo que las mujeres se atavíen de ropa decorosa, con pudor y modestia"*.

> Su laboriosidad le permite vestir bien a su familia.

Evite mujeres que se vistan de forma provocativa. Si a usted le llaman la atención ese tipo de chicas, este libro no podrá ayudarle a encontrar su ayuda idónea.

23- *Su marido es conocido en las puertas, cuando se sienta con los ancianos de la tierra.*
La mujer virtuosa contribuye a la reputación de su esposo en medio de la comunidad en la que viven, incluso entre las personas de más renombre (*"los ancianos de la tierra"*).

25- *Fuerza y honor son su vestidura; y se ríe de lo por venir.*
Este versículo habla de la fuerza de espíritu de la mujer virtuosa. Dicha fuerza se asocia con el conocimiento y la sabiduría en muchos otros pasajes.

Hasta este punto, las virtudes de esta mujer han sido en su mayoría externas (las cosas que hace con sus manos), pero ahora vemos que las Escrituras hablan de su carácter. Ella está vestida con un fuerte espíritu de valentía y honor.

La segunda parte del versículo dice que "se ríe de lo por venir", lo cual indica que ella sabe que aunque en el presente está preocupada por su trabajo y compromisos, al final se regocijará en el fruto de su labor sabiendo que Dios en su misericordia la ha bendecido. En la vida existen alegrías y fracasos, pero es una gran bendición mirar hacia atrás y sonreír por haber vivido amando al Señor y sirviéndole a Él y a quienes nos rodean. Esta mujer es un ejemplo de eso.

26- *Abre su boca con sabiduría, y la ley de clemencia está en su lengua.*

Esta mujer ha estado ocupada sirviendo a su familia y a otros, pero también ha crecido en piedad en su propia vida. Ella es una mujer sabia; tiene discernimiento entre el bien y el mal y habla con prudencia e inteligencia. Además, "la ley de clemencia está en su lengua". Su boca está llena de palabras misericordiosas; la amabilidad no es algo externo para ella, es la condición de su corazón. ¡Esta mujer en verdad vale más que un barril lleno de rubíes!

Es importante que usted reconozca estas cualidades en una chica antes de casarse. Una joven no se llenará de sabiduría si se la pasa *twitteando*, en el WhatsApp o el Facebook, escuchando música y malgastando su tiempo en el centro comercial. La sabiduría viene del temor a Dios y de la Palabra del Señor. Todos al final nos convertimos en lo que escuchamos y vemos. De manera que los hábitos que una chica tenga en el presente formarán su carácter para el futuro. Una mujer virtuosa no nace, se hace minuto a minuto, día a día y año a año.

27- *Considera los caminos de su casa, y no come el pan de balde.*

La mujer virtuosa siempre está atenta a todo lo que ocurre en su casa. El término *"considera"* indica que ella examina incluso los detalles más pequeños de las cosas que viven su esposo y sus hijos. Cuando el texto hace referencia a los *"caminos"*, el autor inspirado nos indica que esta mujer se preocupa por el proceder de aquellos que viven a su alrededor. Ella trabaja junto a su esposo en instruir a sus hijos y enseñarles el camino correcto. La segunda parte del versículo también puede traducirse *"y no come el pan de la ociosidad* (LBLA)"; es decir, el pan que come es producto del trabajo y el esfuerzo.

28- *Se levantan sus hijos y la llaman bienaventurada; y su marido también la alaba.*

A una mujer virtuosa nunca le faltarán los elogios de su esposo y sus hijos. Ella es reconocida por ellos debido a su amor y su trabajo. Además, la llaman *"bienaventurada"*, una hermosa forma de bendecirla y reconocer su labor.

29- *Muchas mujeres hicieron el bien; mas tú sobrepasas a todas.*

Este pasaje es un alivio. Salomón reconoció que "muchas", no solo esta mujer, "hicieron el bien". Esto nos indica que aunque no es fácil encontrar una mujer virtuosa (Proverbios 31:10), lo cierto es que existen muchas chicas creyentes que cumplen con varias de las características que nos presenta este pasaje. Por lo tanto, en su busca de una Ayuda Idónea usted debe mantener cuatro cosas en mente:

1. Buscar una mujer como la que Proverbios 31 describe.
2. Saber que ella no podrá cumplir con todas estas características al tiempo.
3. Si Dios en Su gracia trae una mujer así a su vida, usted debe honrarla y esforzarse por su familia de la misma forma en que ella lo hace.
4. Amarla todo el tiempo y construir junto a ella un hogar que honre al Señor y glorifique su nombre.

30- *Engañosa es la gracia, y vana la hermosura; la mujer que teme a Jehová, ésa será alabada.*

En este versículo nos aproximamos al final de las palabras de Salomón con respecto a una mujer virtuosa y finalmente él habla de un punto que para la mayoría de jóvenes es muy importante: la belleza física. Muchos usan el físico como el punto de partida para escoger a una mujer, pero las Escrituras nos dicen que la belleza de una mujer debe ser "interna, del corazón, en el incorruptible ornato de un espíritu afable y apacible, que es de grande estima delante de Dios" (1 Pedro 3:4). La apariencia de una chica y su simpatía pueden ser engañosas porque nosotros los hombres nos embobamos con la dulzura de los ojos (*"no codicies su hermosura en tu corazón, ni ella te prenda con sus ojos"*, Proverbios 6:25). El amor a primera vista es lujuria sin sabiduría; deseo sin cerebro.

He conocido muchas mujeres a lo largo de los años y creo firmemente que algunos de los más grandes tesoros no siempre están envueltos en exuberante belleza. Conozco algunas chicas muy bonitas a las que un hombre sería afortunado de evitar y también a otras chicas no tan bellas que son tan divertidas como una piscina llena de niños, y tan inteligentes y talentosas como un brillante científico.

Si usted se enfoca en las cosas verdaderamente importantes (en una chica virtuosa y temerosa de Dios), entonces su búsqueda estará bien enfocada. Una mujer con esas cualidades lo amará y estará con usted hasta que envejezca.

El pasaje también dice que la hermosura es *"vana"*; es decir, es pasajera y momentánea. La mayoría de los hombres creen que la belleza es lo principal, pero Dios dice que ésta es vana. A pesar de que una mujer sea sumamente bella, algún día su hermosura se marchitará. Eso no quiere decir que usted no se pueda enamorar de una chica hermosa, pero nunca olvide que su joven esposa no se verá igual dentro de 20 años.

> La mayoría de los hombres creen que la belleza es lo principal, pero Dios dice que ésta es vana.

Cuando veo a mi esposa 40 años después de que nos casamos, agradezco a Dios porque aunque su belleza física ya no es lo que solía ser, yo cada día la veo más hermosa. La belleza de la juventud ha sido consumida por sus 40 años de servicio hacia nuestra familia. Cada cana y cada arruga llegaron entre muchas risas, pensamientos y experiencias compartidas; se deslizaron encubiertamente sin nunca disminuir su belleza o valor para mí. Ahora amo su espíritu mucho más de lo que he disfrutado su belleza física, aunque aún admiro su rostro y su cuerpo como si fuera el primer día de nuestro matrimonio.

Salomón finaliza el versículo 30 diciendo: *"la mujer que teme a Jehová, ésa será alabada"*. Una chica que teme al Señor debe ser elogiada. Ese tipo de mujer sostendrá un matrimonio durante las épocas duras. No lo olvide, solo el temor a Dios puede lograr que un hogar se mantenga firme.

31- *Dadle del fruto de sus manos, y alábenla en las puertas sus hechos.*

El versículo final de esta descripción de una mujer virtuosa habla una vez más del *"fruto de sus manos"* y el reconocimiento que éstos deben tener, de ahí que el texto diga *"alábenla en las puertas sus hechos"*.

Para resumir este pequeño estudio de Proverbios 31:10-31, podemos decir que una mujer virtuosa es un verdadero tesoro. Quisiera hacerle una pregunta a todos los hombres jóvenes que están en busca de una Ayuda Idónea: ¿está usted creciendo en santidad? Una mujer virtuosa no se fijará en un hombre superficial que no se goza en Dios y en Su Palabra. De manera que espero que este capítulo no solo sirva como una lista de requerimientos que usted desea que su futura esposa cumpla, sino pido al Señor que esto también lo anime a usted a ser un hombre piadoso que se guarda para Dios y se prepara para amar a una mujer virtuosa y honrar junto a ella al Creador.

Porque este DIOS es DIOS nuestro
eternamente y para siempre;
Él nos guiará aún más allá de la muerte.
Salmos 48:14

Capítulo 17

Estudios bíblicos para nuevas parejas

Por Ben Sargent

Use esta guía para aprender junto a su prometida algunos principios básicos que los ayudarán a construir un matrimonio que honre al Señor.

LECCIÓN 1

Muchos cristianos buscan consejería de sus pastores para afrontar los asuntos más difíciles de sus vidas. Esto es algo bueno; sin embargo, debemos comprender que la consejería no es un reemplazo para nuestro estudio de las Escrituras, ya que solo en ellas podemos encontrar instrucción inerrante acerca de lo que debemos hacer en toda situación. Observemos algunos pasajes de la Biblia que nos ayudan a entender esta verdad, mientras respondemos algunas preguntas:

1. ¿Es la Biblia la Palabra de Dios? Sal 119:89; Mt 24:35; Sal 12:6-7; 1P 1:25-26.

2. ¿Se puede confiar en ella literalmente? Job 13:15; Sal 119:160; Job 23:12; Sal 118:8; Sal 33:4.

3. ¿Qué efecto tiene la Palabra en la vida de un cristiano? Jn 17:17; Hch 20:32; Col 3:16; 1 Ts 2:13.

4. ¿Quién tiene la responsabilidad de conocer la Palabra? Sal 119:9-11; 1Jn 2:14; 2Ti 2:15.

5. ¿Cómo la aprendo? 2Ti 2:15; 1Ti 4:13; Is 28: 9-10; 1Co 14:34-35.

Para que una pareja sea exitosa, necesita tener una fuente de verdad que sea inerrante en cada área de sus vidas. Sin un ancla, el barco del matrimonio andará a la deriva y cualquier corriente de agua o viento fuerte lo golpearán hasta llevarlo a las rocas y destruirlo.

LECCIÓN 2

Todo lo que Dios creó posee orden y decencia. El hogar y la familia no son la excepción. Continuemos con nuestro estudio respondiendo las siguientes preguntas:

1. ¿Cuál es el rol del esposo? Ef 5:23, 25, 28, 33; Col 3:19; 1P 3:7; Mt 1:19; 1 Cor 7:3-4; 1Cor 11:3.

    a. ¿Cómo debe cuidar un esposo el bienestar físico de su cónyuge? Ef 5:28-29; 1P 3:7.

    b. ¿Cómo debe un hombre tratar a su esposa cuando esta no le obedece? Ef 5:25-27; 1P 3:8-9.

Los esposos deben amar a sus esposas, no deben hacerlas obedecer o someterse. La orden del Señor es **amarlas**. Los mandatos de Dios para las esposas acerca de sus esposos son entre Dios y las esposas; ellas deberán darle cuentas a Él si están en desobediencia.

2. ¿Cuál es el rol de una esposa? Tito 2:4-5; 1 Ti 5:14; Pr 31:10-31; Col 3:18; 1P 3:1-6; Ef 5:33.

    a. ¿Está una mujer obligada a someterse a su esposo? Ef 5:22; Col 3:18; 1P 3:1,5.

3. ¿Cómo deben los cristianos criar a sus hijos? Sal 127:3; Pr 22:6; Ef 6:4; Tito 1:6; Dt 6:7, 11:19, 31:19; Tito 2:4; Pr 1:8, 4:1, 13:1, 15:5.

    a. ¿Deben los hijos grandes obedecer a sus padres en el Señor? Tito 2:4; Ef 6:1-4.

LECCIÓN 3

Algunas jóvenes ven amargura en la relación de sus padres y esto las hace estar predispuestas sobre el matrimonio y desconfiadas de los hombres en general. La amargura debe ser evitada sin ninguna excepción; de manera que sería sabio escuchar la forma en que la chica que le llama la atención se expresa acerca de los hombres, especialmente de su propio padre.

1. ¿Qué cosas suelen asociarse con la amargura? Num 5; Hch 8:23; Ro 3:10-18; Dt 32:21-25; Jer 2:19.

2. ¿Cómo puede la amargura impactar el hogar? Sal 64:3; Stg 3:10-15; Pr 14:10; Jer 4:18; Col 3:19.

3. ¿Cuándo se justifica la amargura? Ef 4:31; Heb 12:14-16.

Lamentablemente existen muchos matrimonios que fueron destruidos debido a una simple raíz de amargura que surgió como una pequeña planta que luego creció y ahogó la vida de una pareja previamente exitosa. Sea sabio; es mejor no comprar un terreno que ya esté lleno de raíces cuando usted está intentando sembrar uvas.

LECCIÓN 4

A menudo se afirma que las parejas tienen problemas debido principalmente a dos cosas: la falta de comunicación y el dinero. Es poco probable que dos personas diferentes tengan el mismo enfoque acerca del dinero, incluso si fueron criados en el mismo hogar. De manera que es muy importante que usted hable de este tema con la mujer que desea como esposa.

1. ¿Cuáles son las advertencias bíblicas acerca del dinero? Mt 6:24; Lc 16:11; 1 Ti 6:10.

2. ¿Cuál es el propósito del dinero? Gn 23:9-16; Dt 2:6; Ec 7:12.

3. ¿Cómo puede honrar al Señor con el dinero? Lc 12:48; Mr 12:41-44; Ef 4:28; 2Co 8:1-5.

El dinero es una herramienta y, por lo tanto, no es malo en sí mismo. Puede usarse para bendecir y ayudar a otros; el problema con el dinero yace en el corazón y no en el dinero como tal. Si usted lo ama se destruirá; si lo siembra bien recogerá una maravillosa cosecha.

LECCIÓN 5

Sansón y Salomón lucharon con la lujuria todas sus vidas y ambos se casaron con mujeres con las que se les prohibió expresamente casarse. Los cristianos no deben unirse en un yugo desigual con los incrédulos; de manera que usted debe revisar su corazón para analizar si su búsqueda está motivada por las razones correctas.

1. ¿Enseña la Biblia que nosotros podemos analizar la relación que otras personas tienen con Dios? Mt 7:16-20, 12:33; Mr 4:3-20; Ro 6:22; Ro 7:4-6; Ga 5:22; Ef 5:9-13.

   a. ¿Puede una persona estar seguro de ser salvo? 1Jn 5:3; Ef 1:13, 4:30; 1 Jn 2:24-25.

2. ¿Existe alguna diferencia en reconocer quién fue Jesús y en conocerlo como Señor y Salvador? Hch 1:15-20, 9:1-21, 26:1-28; Jn 17:3.

3. ¿Qué significa estar perdido? Is 53:6, 59:2; Sal 58:3; Stg 2:10; Ga 3:10; Ro 3:10-20, 6:23.

4. ¿Qué significa ser salvo (nacer de nuevo)? Jn 3:1-18, 10:9, 14:6; Hch 2:21, 4:12, 16:30-31; Ro 5:9-10; Ef 2:8-9; 2 Cor 5:21.

¿Es una creyente genuina la mujer que le atrae a usted? ¿Es salva, o solo es muy agradable y atractiva?

LECCIÓN 6

Es importante que hable con su prometida acerca del trabajo que usted piensa hacer en el ministerio, en caso de que haya considerado servir en el mismo. Esto puede evitarles muchos dolores de cabeza en el futuro.

1. ¿Quién debe estar involucrado en ganar almas y presentar el evangelio? Ro 10:15; Mt 28:19; Mr 16:15; 1 Cor 1:17; 1 Cor 9:16.

2. ¿Cuáles son los dones que mencionan las Escrituras? Ro 12:4-8; Ef 4:7-16; 1 Cor 12:4-11.

3. ¿Qué enseña la Biblia acerca de los diferentes cargos eclesiales en el Nuevo Testamento? Ro 12:4-5; 1 Ti 3:1-13.

4. ¿Fuimos solamente salvos del infierno o existe algún propósito mayor en nuestra salvación? Sal 23:3, 106:8; Is 66:5; 1 Jn 2:12; Hch 26:16; Ro 9:23-24; Ef 1:3-6, 12, 14; 1 Ts 2:11-12; 1P 5:6-10; Jud 24-25.

LECCION 7

Hace algunos años, los miembros del ejército de los Estados Unidos eran admirados por su autodisciplina. Ésta era producto de su continua preparación y cuidado personal. Los hombres cristianos son sensibles guerreros que buscan la autodisciplina para la gloria de Dios. Si usted se está preparando para el matrimonio, debe ser un hombre auto disciplinado.

1. ¿Cómo se ve un hombre cristiano desde afuera? 1 Co 9:24-27; Tito 1:8, 2:2; Ga 5:22-26; Sal 1:1; 2 Ti 2:3-5; Ef 5:15-17.

2. ¿En qué tipo de cosas debería un hombre joven auto disciplinarse para mantenerse alejado del mal? Gal 5:1; 2P 2:20-21; Pr 2:16, 5:3, 5:20, 6:24, 7:5, 20:16, 23:27, 27:13, 20:1; Is 5:11, 22, 28:7; Ef 5:18-21.

3. ¿Deberían todos los hombres cristianos estudiar la Biblia? 2 Ti 2:15; Sal 119:9-11, 89, 101, 105, 130, 133, 140, 148, 160-162, 138:2.

Un guerrero de combate se mueve a hurtadillas a través de la jungla, fijándose en dónde pone sus pies para evitar pararse en una mina explosiva; él ejercita y fortalece su cuerpo para la guerra y constantemente se entrena y se prepara para la siguiente misión por medio del estudio y la práctica. Los hombres cristianos están en una guerra (2 Co 10:4; 1 Ti 1:18) con un adversario real (1 P 5:8). La autodisciplina mantiene a un hombre de Dios enfocado y ocupado.

Por lo demás, hermanos míos, *fortaleceos en el Señor, y en el poder de su fuerza.*

Vestíos de toda la armadura de Dios, para que podáis estar firmes contra las asechanzas del diablo.

Porque no tenemos lucha contra sangre y carne, sino contra principados, contra potestades, contra los gobernadores de las tinieblas de este siglo, contra huestes espirituales de maldad en las regiones celestes.

Por tanto, *tomad toda la armadura de Dios, para que podáis resistir en el día malo, y habiendo acabado todo, estar firmes.*

Estad, pues, firmes, *ceñidos vuestros lomos con la verdad, y vestidos con la coraza de justicia, y calzados los pies con el apresto del evangelio de la paz.*

Sobre todo, *tomad el escudo de la fe, con que podáis apagar todos los dardos de fuego del maligno.*

Y tomad el yelmo de la salvación, y la espada del Espíritu, que es la palabra de Dios;

Orando en todo tiempo *con toda oración y súplica en el Espíritu, y velando en ello con toda perseverancia y súplica por todos los santos* (Efesios 6:10-18)